MARCO POLO

ATENE

AUTORE MARCO POLO

Klaus Bötig

Questo affermato giornalista di viaggio ha messo piede ad Atene la prima volta il giorno della vigilia di Natale e da quel momento non l'ha più abbandonata. In città sono parecchi i camerieri che conoscono i suoi gusti in fatto di caffè (rigorosamente senza zucchero) e qualcuno saprebbe addirittura dire qual è il suo vino preferito (la *retsina*).

VIAGGIARE FACILE

Informazioni aggiornate, consigli, novità e itinerari a portata di un semplice clic. In viaggio con bagaglio leggero grazie ai contenuti speciali che puoi trovare su guidemarcopolo.it, sulla pagina Facebook (facebook.com/guidemarcopolo), l'account Twitter (@guidemarcopolo) e sulla pagina speciale dedicata alla guida che hai in mano: scopri di più nella pagina seguente.

Accedi ai contenuti speciali su
guidemarcopolo.it/atene-per-te

GUIDEMARCOPOLO.IT/ATENE-PER-TE

Una guida in regalo

È dedicata alle offerte low budget e raccoglie consigli ed esperienze per vivere il viaggio (quasi!) gratis. Puoi scaricarla e poi consultarla offline, per essere informato anche quando la connessione internet non è disponibile.

Articoli e news

Per ogni destinazione una raccolta di notizie, curiosità, interviste che ti aiutano ad approfondire la conoscenza del luogo e a organizzare l'itinerario su misura per te prima e durante il viaggio.

Informazioni aggiornate

Qualcosa di importante è cambiato in città? Se sì, verificalo online. Troverai gli aggiornamenti delle informazioni e degli eventi per ogni destinazione.

SIMBOLI

- ! I consigli di chi ci vive
- ★ Le scelte MARCO POLO
- Punto panoramico
- Ecosostenibile
- (*) Numeri di telefono con costi aggiuntivi
- ●●●● Il meglio di...

PREZZI DEGLI ALBERGHI

€€€	più di 200 euro
€€	100-200 euro
€	meno di 100 euro

I prezzi si intendono per una notte in camera doppia, in alta stagione, prima colazione inclusa

PREZZI DEI RISTORANTI

€€€	più di 25 euro
€€	16-25 euro
€	meno di 16 euro

I prezzi si intendono per una portata principale e mezza porzione di insalata greca

SOMMARIO

BUONO A SAPERSI

CARTINE

(116 A1) Numeri di pagina e coordinate per l'atlante stradale e per la cartina di Atene e dintorni → pp138-139
(0) Fuori cartina
Sono fornite di coordinate anche le località che non figurano nell'atlante stradale
(A-B 2-3) Coordinate per la carta estraibile

RISVOLTI DI COPERTINA

Il top delle scelte MARCO POLO
Mappa della linea del trasporto pubblico

Il top dei consigli di chi ci vive

La nostra selezione dei 15 suggerimenti che fanno la differenza

! Un patrimonio artistico tutelato

Per preservare la piccola cappella di *Agía Dínami*, l'edificio che la sovrasta è stato costruito su alti pilastri. Così questa antica chiesetta continua a essere la meta quotidiana di un gran numero di pellegrini *(foto in alto)* → **p29**

! Gioielli dell'età della pietra

Nel negozio del *Museo di Arte Cicladica* potrete acquistare dei graziosi monili che si ispirano ai cosiddetti "idoli" cicladici, statuette in marmo di 5000 anni fa → **p50**

! Lontano dai percorsi turistici

Nella cala di *Skafáki* si possono ammirare i resti di un'antica cinta muraria del IV secolo a.C., insieme alle sue torri ancora ben conservate. Qui sarete i soli turisti in mezzo ai greci! → **p52**

! Atene dall'alto

Il locale sulla terrazza dell'hotel *A for Athens*, che si affaccia direttamente su piazza Monastiráki, è una location d'alto livello: oltre a essere annoverato tra i 50 migliori cocktail bar d'Europa, è anche un punto di ritrovo molto amato dai giovani ateniesi e offre un'incantevole vista panoramica su tutta la città → **p65**

! Bar ma non solo

Ciò che incanta della caffetteria *Vryssáki*, situata nel quartiere della Pláka, direttamente alle spalle dell'Agorà, non è solo la splendida vista che offre sull'Acropoli, ma soprattutto il variegato calendario serale, ricco di esibizioni, cabaret, proiezioni cinematografiche e musica dal vivo → **p65**

! Pesce nella città vecchia

Nella *taverna Psarás*, situata ai piedi dell'Acropoli nel quartiere della Pláka, si serve pesce appena pescato in un ambiente rustico *(foto a destra)* → **p67**

! Le migliori costolette d'agnello

Situata in una zona centrale ma allo stesso tempo distante dagli itinerari turistici principali, la piccola *taverna To Stéki tou Ilía* è uno dei migliori posti ad Atene dove poter gustare le tenere e squisite costolette d'agnello → **p70**

! Mercatino delle pulci in miniatura

L'*Amorgós* è un attraente negozio di antiquariato specializzato in arte greca "a misura di valigia" → p74

! Per la Grecia

Acquistare prodotti greci è forse il modo migliore per aiutare un paese fortemente segnato dalla crisi. Nel campo della moda, in particolare, Atene può vantare numerosi stilisti di talento e prestigiose griffe femminili, tra cui spicca *La Stampa* → p77

! In salute con le radici

Al *Mastíha shop* si può acquistare un'ampia varietà di prodotti che va dai cosmetici agli olii profumati, dalle gomme da masticare agli alcolici: tutti rigorosamente a base di radici di lentisco → p78

! Shopping alla moda

Indossando un paio di scarpe del famoso stilista *Tsakíris Mállas* vi sembrerà di avere Atene ai vostri piedi! Ce n'è per tutti i gusti e i prezzi sono imbattibili → p79

! Di notte in riva al mare

Nelle calde sere d'estate, la movida ateniese si anima lungo la costa e si riversa in club come l'*Akrotíri Boutique*. Qui si suona prevalentemente musica mainstream, ma a tarda notte può capitare di ritrovarsi a ballare il *sirtaki* → p83

! Spritz alla greca

Al *Clumsies*, uno dei migliori cocktail bar d'Europa, anche un classico come lo spritz viene sperimentato in nuove combinazioni, sposandosi alla perfezione con vini e liquori greci → p83

! Musica in grande

Il *Gagarin 205* è una delle sale più capienti di Atene, prevalentemente per concerti di musica rock e metal → p84

! Nel cuore di Atene

Negli appartamenti del residence *Live in Athens* potrete immergervi nella vita animata del quartiere di Psirrí. Il giovane personale è sempre informato sulle ultime novità in fatto di movida → p92

IL MEGLIO DI...

LUOGHI FANTASTICI A BASSO COSTO

Nuove scoperte con un occhio al risparmio

OCCASIONI

Cultura a costo zero

Al *Museo dell'Acropoli* è possibile ottenere informazioni gratuite sui reperti esposti. Basta rivolgersi al personale per risparmiarsi la spesa di una visita guidata → p38

Metro o musei?

Ad Atene, alcune stazioni della metropolitana sono dei veri e propri musei. A *Monastiráki*, per esempio, si possono ammirare un canale in muratura e delle condotte antiche, a *Syntagma* teche alte un metro con reperti di epoche diverse. Alla stazione *Acrópolis (in foto)* invece le pareti sono impreziosite da riproduzioni dei Fregi del Partenone → pp46-47

Antichità con vista

Un tempo sull'*Aeropago* si riuniva l'alta corte di giustizia di Atene. Oggi invece è preso d'assalto da turisti che vogliono godersi la straordinaria vista sopra i tetti della città, ma anche visitare gratuitamente un luogo di grande importanza storica → p51

Giro al porto

Al *Kantharós*, la più grande stazione marittima d'Europa, c'è sempre movimento. Ci vogliono ore per spostarsi da un molo all'altro, ma è possibile viaggiare gratis su uno dei numerosi autobus che servono l'area portuale, anziché attendere i mezzi pubblici di linea → p52

Wi-fi per tutti

Anche ad Atene e nel Pireo è possibile navigare su internet a costo zero. Nell'area portuale, in aeroporto e in numerose piazze pubbliche esistono infatti diverse *zone hotspot* che offrono l'accesso gratuito alla rete → p116

Giorni per risparmiare

Il 6 marzo, il 18 aprile, l'ultimo fine settimana di settembre, il 28 ottobre e la prima domenica di ogni mese da novembre a marzo, l'ingresso all'Acropoli, a tutti i siti archeologici e a numerosi musei della capitale è gratuito. Facendo due conti, si può risparmiare fino a 40 euro! → p117

È TIPICO DI ATENE

Lo trovate solo qui

Idillio portuale

Atene è una metropoli che si estende tra montagne e mare: entrambi possono essere ammirati dai ristoranti e dai pub nel *porto di Mikrolímano*, una piccola darsena del Pireo gremita di yacht e pescherecci → **p52**

Mangiare in cantina

I piccoli locali nei seminterrati sono tipici di Atene. Nella taverna *Diporto*, situata nel quartiere del mercato, la sobrietà regna sovrana. Gruppi di amici e perfetti sconosciuti si siedono allo stesso tavolo, i camerieri parlano soltanto il greco, ma in compenso la cucina serve tutti i giorni un menu a base di ingredienti rigorosamente freschi → **p70**

Souvláki e kebab

All'ora di pranzo, le pite con gli spiedini di carne e i salsicciotti di macinato alla griglia serviti all'*O Thanásis* attirano frotte di ateniesi di tutte le età. Questa taverna in stile rustico è situata in un vicolo piuttosto movimentato nei pressi di piazza Monastiráki → **p71**

Mercatini delle pulci

In seguito alla crisi economico-finanziaria che ha segnato il paese negli ultimi tempi, un numero sempre maggiore di ateniesi va a fare acquisti ai variopinti e affollati mercatini delle pulci nei vicoli che circondano *piazza Monastiráki*, dove si possono acquistare jeans, camicie, magliette e scarpe a prezzi molto convenienti → **p77**

Incontri serali

La sera ad Atene nessuno resta a casa. Il tipico punto di ritrovo della città è il *Brettos*, nel quartiere della Pláka, un wine bar dove gli scaffali sono gremiti di liquori dai colori vivaci e una parete è dedicata alle botti di vino *(in foto)* → **p85**

Note greche

La danza e la musica tradizionali sono elementi costitutivi di Atene, come l'Acropoli. Agli amanti del folclore greco si consiglia di munirsi di macchina fotografica e di fermarsi almeno una volta alla taverna *Kritikoú* nel vicolo Mnisikléous, all'interno della città vecchia, dove si concentra una serie di locali in cui si suona musica dal vivo → **p87**

IL MEGLIO DI...

BELLO ANCHE CON LA PIOGGIA

Idee per non perdere il buon umore

● *Nel cuore della città*

Frequentando il *mercato coperto* di Atene potrete gustare una zuppa sostanziosa e mescolarvi alla gente del luogo → p45

● *Antichità virtuale*

Al centro culturale *Hellenic Cosmos*, con l'ausilio della moderna tecnologia, sarete trasportati nella storia dell'antica Atene, di Olimpia e di Mileto → p56

● *All'Acropoli con la pioggia*

Il Museo dell'Acropoli è un must per ogni turista alla scoperta di Atene, anche grazie alla sua *caffetteria*, in cui si possono degustare, a prezzi accessibili, specialità provenienti da ogni regione della Grecia. La terrazza coperta in cima alla struttura vi permetterà di mangiare all'asciutto, offrendovi una splendida vista panoramica sull'Acropoli → p70

E SE PIOVE?

● *All'ombra dei portici*

Negli ultimi anni, le storiche gallerie commerciali tra le strade che collegano piazza Syntagma a piazza Omónia hanno ripreso finalmente vita. Questi portici rappresentano la location ideale non solo per fare acquisti, ma anche per passeggiare o per una pausa ristoratrice. Se cercate un ambiente di lusso, lo *Stoá Spiromílou* con il suo elegante bar-ristorante *Pasaji* è proprio quello che fa per voi → pp67, 76-77

● *Il tempio dello shopping*

Al *The Mall* potrete trascorrere una giornata intera a fare acquisti. Ad attendervi ci sono quasi 150 negozi, perlopiù di abbigliamento, calzature, cosmetici e arredamento, ma anche bar, ristoranti e cinema *(in foto)* → p76

● *Acqua sotterranea*

Nella *Grotta di Koutuki*, nei pressi di *Peanía*, potrete ammirare splendide stalattiti e stalagmiti che hanno secoli di vita → p109

MOMENTI DI RELAX

Per riprendere fiato e ripartire

Relax nel cuore dell'antichità

Mentre nei siti archeologici principali regna sempre una gran confusione, all'interno del *Ceramico*, l'antica necropoli di Atene, ci si può sedere sul prato, all'ombra di qualche albero, e ammirare il mondo antico in tutta tranquillità → p45

Un bagno caldo

Se cercate un pacchetto benessere a prezzi accessibili, il *lago di Vouliagméni* è senz'altro la soluzione che fa al caso vostro. Qui potrete nuotare in tiepide acque termali, prendere il sole in riva al lago e magari prenotare una seduta di massaggi terapeutici → pp47, 109

Da un'isola all'altra senza stress

Per evitarvi la ricerca del traghetto e dei collegamenti con i mezzi pubblici, vi consigliamo di prenotare una *crociera giornaliera* alle isole di Egina, Poros e Idra, che include anche il servizio autobus → p60

Star sotto le stelle

Al cinema all'aperto *Cine Paris* nel cuore della Pláka potrete prendere posto sulla terrazza o accomodarvi al bar e guardare film del momento in lingua inglese o classici come *Zorba il Greco*. Tra una scena e l'altra distogliete lo sguardo dallo schermo e godetevi la vista sull'Acropoli sotto il cielo stellato → p82

Classiche armonie

Se siete degli appassionati di musica classica, non dovete assolutamente perdervi la moderna sala concerti *Mégaro Mousikís* con la sua acustica eccezionale → p84

Benessere alla greca

Il centro termale del lussuoso hotel *Grande Bretagne* è frequentato anche dagli ateniesi. Oltre a utilizzare prodotti provenienti da tutto il mondo, la struttura offre anche trattamenti a base di yogurt, miele o estratti di radice di lentisco, tutti di origine greca. Sono disponibili persino massaggi con olio di ouzo *(in foto)* → p90

INTRODUZIONE

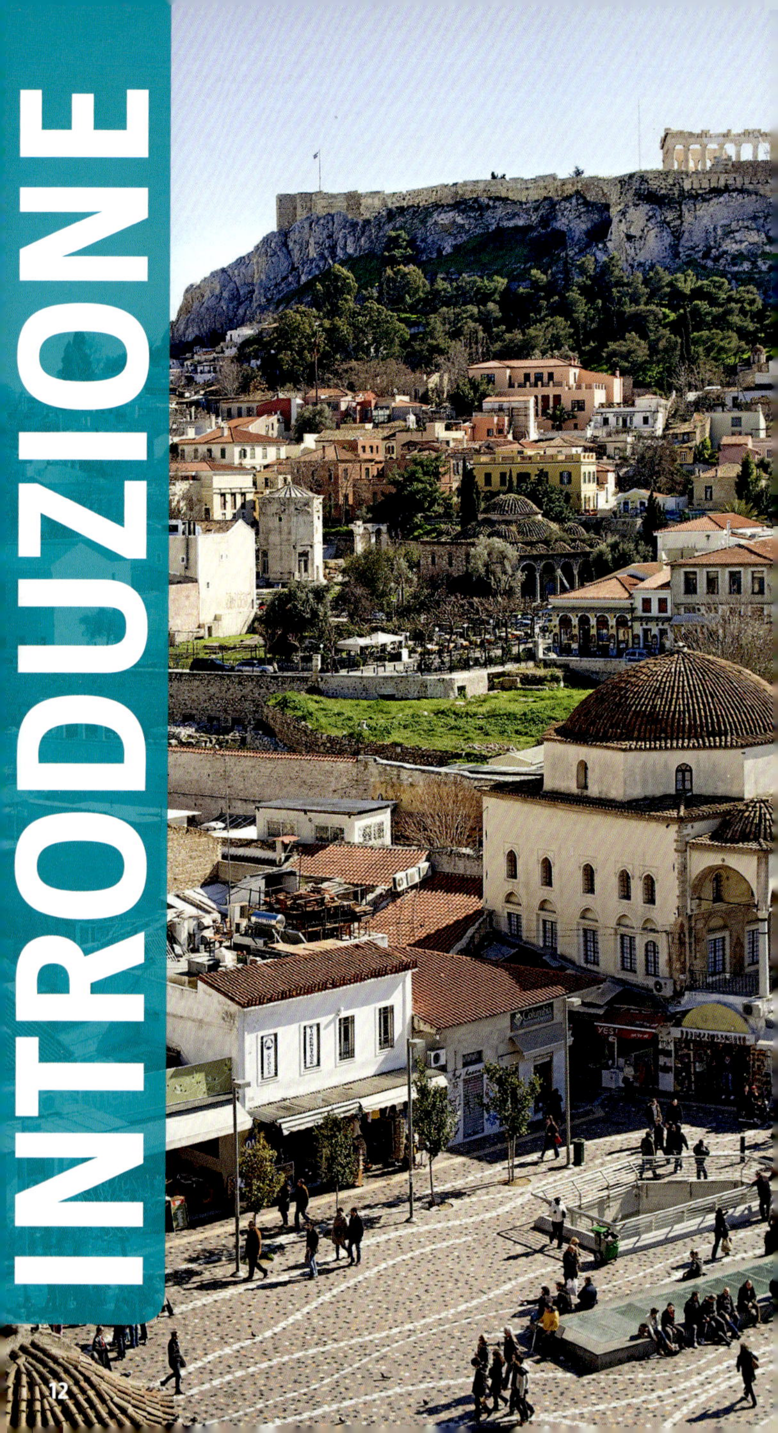

BENVENUTI AD ATENE!

Se si viaggia in aereo, Atene si rivela in tutto il suo splendore sin dalla fase di atterraggio. Tutte le linee dirette alla metropoli greca sorvolano le isole e l'Egeo, quindi già dagli oblò è possibile ammirare un paesaggio incantevole fatto di montagne, spiagge, coste rocciose e case bianche in cui abita quasi la metà della popolazione ellenica. Dopo l'atterraggio, non ci vuole molto che si è nel cuore di Atene e nel vivo della sua storia: i collegamenti dall'aeroporto al centro città sono molto efficienti e operano 24 ore su 24. Un primo assaggio della bellezza del luogo, e in particolare della gioia di vivere degli ateniesi, è offerto dalle ***caffetterie lungo Odós Adrianoú***, la via che si snoda proprio di fronte all'antica Agorà. Da qui si gode di una splendida vista panoramica sia sul piazzale dell'***Agorà, l'antico mercato*** di Atene, ora simile a un grande parcheggio, ma dove un tempo usavano passeggiare celeberrimi filosofi come Socrate e Platone, sia sul *Theseion*, o Tempio di Efesto, il tempio meglio conservato dell'intera Grecia. Alle sue spalle si ergono la nuda superficie rocciosa dell'Aeropago e il ripido pendio che porta all'Acropoli e ai suoi templi. Lungo la strada fino all'Agorà si può osservare la linea tranviaria più antica di Atene, che passa ogni tre-quattro minuti; dall'altro lato del viale pedonale si trovano i numerosi venditori ambulanti.

In foto: l'Acropoli svetta alle spalle di piazza Monastiráki

Dietro, infine, c'è la zona dei mercatini delle pulci, che negli ultimi tempi, in seguito alla crisi economica che ha coinvolto il paese, sembra vivere una fase di forte rilancio con i suoi numerosi negozietti a buon mercato.

Vi basterà fare un primo giro panoramico di Atene per rendervi conto di quanto sia breve la distanza non solo tra un'attrazione turistica e l'altra, ma anche tra ***tra i vari quartieri della città, a volte molto diversi tra loro***, ciascuno con i propri panorami da cartolina, e tra le zone commerciali e quelle della movida. Per visitare Atene non c'è bisogno di muoversi in auto, e solo raramente è necessario ricorrere a una delle tre linee della metropolitana, agli autobus ecologici, ai filobus o al modernissimo tram. Qualsiasi posto può essere raggiunto comodamente a piedi e senza dover fare estenuanti camminate chilometriche. Le cose sono cambiate rispetto al passato, quando il famigerato smog ateniese terrorizzava i turisti di ogni parte del mondo e gli ateniesi stessi. La svolta ecologica è iniziata nel 2004 con i Giochi Olimpici, che hanno apportato notevoli trasformazioni alla città. L'aria di Atene è tornata pulita grazie soprattutto a una serie di limitazioni al traffico, all'impiego di moderni mezzi di trasporto a basso impatto ambientale e alla costante conversione di aree trafficate in ***isole pedonali***. Con il tempo è andata crescendo anche la coscienza ecologica degli ateniesi stessi, che si impegnano sempre più nella raccolta differenziata e adottano pannelli solari per la produzione di acqua calda nelle proprie case.

Ad Atene si può fare quasi tutto a piedi

Danza degli euzoni nella loro uniforme tradizionale: la guardia d'onore del palazzo presidenziale

Passeggiare ad Atene è un divertimento continuo. Lungo il tragitto che dal quartiere di Thisío risale il versante settentrionale del colle dell'Acropoli conducendo all'omonimo museo, finirete per dimenticare di trovarvi in una metropoli. Sulla sinistra, i famosi resti dell'antichità fiancheggiano l'ampio ***viale pedonale***, che un tempo era una strada a quattro corsie. Sulla destra si vedono due basse colline ricoperte di fitta vegetazione e punteggiate da antichi edifici seminascosti: si tratta della Pnice, antica sede delle assemblee popolari, e della collina con il monumento funerario di Filopappo. Nel ***Museo dell'Acropoli***, così bello da rappresentare di per sé un'opera d'arte, è possibile conoscere da vicino gli edifici più antichi di Atene, mentre dalla terrazza potrete godere di una magnifica vista sui templi e gustare specialità provenienti da tutta la Grecia, come i formaggi delle isole dell'Egeo o le salsicce di Mykonos o Lefkada, da innaffiare con l'ottimo vino greco o il classico *raki* a base di prugne.

Antichi edifici immersi in una folta vegetazione

Facendo il giro dell'Acropoli, vi ritroverete quasi immediatamente nel borgo antico della città: la Pláka. Questo quartiere è diventato il ***cuore della nuova Atene***, la cui rinascita è cominciata dopo la guerra d'indipendenza combattuta contro i turchi negli anni 1821-29. Nel 1834, quando divenne la capitale della Grecia appena liberata, Atene aveva soltanto 5000 abitanti, molti dei quali vivevano direttamente tra le rovine dell'Acropoli. La crescente industrializzazione del paese verso la fine del XIX secolo e, successivamente, negli anni 1922-23, il rimpatrio di centinaia di migliaia di greci dalla fallimentare campagna militare condotta contro Ankara in Asia Minore, comportarono un enorme aumento demografico della capitale. Oggi il numero complessivo di abitanti che vivono ad Atene e nell'hinterland si aggira intorno ai 3,8 milioni di persone. Presa da sola, però, Atene ha all'incirca 664.000 abitanti.

Nella Pláka troverete case che conservano l'originale tonalità giallo ocra degli intonaci e i tetti di tegole accanto a ville cittadine in stile neoclassico risalenti al XIX e ai primi del XX secolo che fiancheggiano vicoli pedonali e ospitano piccoli musei, gallerie e archivi storici. Diversamente dalla più trafficata piazza Syntagma, con i suoi hotel di lusso e la sede del Parlamento, la Pláka offre svariati localini per brevi soste e un gran numero di piccoli alberghi. Lungo l'***asse principale della Pláka*** si concentrano i negozi e le taverne. Vi basterà percorrere qualche passo in più per sentirvi, se capitate per esempio nel ***piccolo quartiere di Anafiótika***, come catapultati su un'isola dell'Egeo. Dappertutto troverete un'infinità di antiche rovine e piccole chiese risalenti al Medioevo. Tutti questi edifici storici si sono perfettamente integrati nella vita quotidiana degli ateniesi. Ma mentre a Roma i monumenti antichi sono perlopiù espressione della megalomania degli imperatori, ad Atene sono prevalentemente una testimonianza del ***primo stato democratico*** della storia dell'umanità.

A conferire un certo fascino al centro storico di Atene, oltre alla Pláka, sono i suoi quartieri limitrofi, che tuttavia fino a qualche decennio fa erano soltanto zone industriali o artigianali. Nel ***quartiere di Thisío***, ad esempio, quelle che un tempo erano le scuderie reali sono diventate una discoteca e un'ex fabbrica di cappelli è stata adibita a galleria d'arte moderna. Il ***quartiere di Psirrí*** ospita invece numerose botteghe artigianali in cui scarpe, borse e altri articoli in pelle vengono ancora cuciti rigorosamente a mano, ma la sera, con le sue trattorie, i suoi bar e i locali con musica dal vivo, attira i giovani da ogni parte della città. Altro esempio di quartiere riconvertito è il ***Gázi***, in cui persino un gasometro ha trovato un nuovo impiego diventando sede di una galleria d'arte circondata da bar e ristoranti che, con la loro cucina raffinata, accontentano anche la clientela più esigente.

Dove si fondono passato e presente

Ad Atene, il presente e il passato si mescolano dappertutto. Potrete trascorrervi momenti indimenticabili standovene comodamente seduti a fantasticare su una panchina del giardino pubblico, oppure all'ombra di un ulivo nella necropoli del Ceramico o ancora nel prato sottostante il Tempio di Efesto. Un luogo più unico che raro è la piazzetta dell'Aeropago, in cui più di 2500 anni fa si riuniva l'alta corte di giustizia di Atene e dove oggi invece si può godere di una fantastica e gratuita vista sul mare di luci che di sera accendono la città. Per riflettere sui progressi dell'umanità, forse non esiste luogo migliore dell'Acropoli, soprattutto se si pensa che la sua ***grandiosa bellezza*** è opera di uomini che non avevano a disposizione le moderne tecnologie e tecniche di costruzione.

Un'esperienza altrettanto stimolante può essere quella di immergersi nello ***stile di vita greco*** e osservare i contrasti che la modernità porta con sé. Ad Atene, infatti, i giovani ben vestiti che ostentano il cellulare di ultima generazione o le chiavi dell'auto sportiva sul tavolinetto di un bar coesistono con le centinaia di migliaia di immigrati, provenienti dall'Africa e dall'Asia, che stazionano in strada con i loro dvd masterizzati o articoli di elettronica a buon mercato. Per non parlare dei classici ambulanti che vi promettono a ogni angolo fortuna con i loro gratta e vinci. Anche i venditori di caldarroste sono caratteristici di Atene, così come le catene di fast food nazionali e internazionali, che godono di ottima popolarità tra giovani e adulti grazie ai loro prezzi apparentemente convenienti.

Atene è una ***città ricca di contraddizioni*** e, purtroppo, a giudicare dalla crisi economica che ha messo alle corde l'intero paese a partire dal 2010, lo resterà ancora a lungo. L'aumento delle tasse, la limitazione di mutui e prestiti, unitamente al taglio di salari e pensioni, hanno ridotto notevolmente il potere d'acquisto dell'ateniese medio. Sono molti i locali della città e dell'hinterland (i 37 distretti autonomi di cui era composto fino al 2011 sono stati ridotti a 7) che hanno chiuso i battenti e

Bar, ristoranti, *kafenía*: atmosfera serale in un caratteristico vicolo del quartiere di Psirrí

sono rimasti sfitti; altrettanto numerosi i ristoranti e le trattorie che lamentano grosse perdite. Di conseguenza, gli ateniesi hanno dovuto limitare notevolmente le uscite rispetto al passato.

La crisi si fa sentire anche nella ***città portuale del Pireo***, un'altra zona storica di Atene, che nonostante ciò resta uno dei porti europei in cui viene ospitato il maggior numero di imbarcazioni ultra moderne e traghetti tradizionali; neanche a Palma di Maiorca, a Cannes o a Portofino è possibile trovare ormeggiati tanti yacht di lusso quanti se ne trovano qui. Al Pireo potrete trascorrere una vacanza intera: ci sono infatti musei interessanti da visitare e numerosi stabilimenti balneari, soprattutto tra i due porticcioli di Zea e Mikrolímano e nella baia di Limanáki. Lungo tutta la costa corre la linea tranviaria che collega il Pireo alla località di ***Vouliagméni*** con il suo lago termale. Per godervi il mare potrete inoltre prenotare una traversata in traghetto fino all'isola di ***Egina*** o una delle crociere giornaliere che raggiungono anche le isole di Poros e Idra. Queste esperienze vi spingeranno senz'altro a ritornare in Grecia per scoprire il fantastico mondo delle sue isole. Atene e il Pireo, infatti, rappresentano la porta sull'Egeo.

Il Pireo è la porta sulle isole dell'Egeo

TENDENZE

1 Dall'alto

Giardini pensili Agli ateniesi piace molto ammirare la propria città dall'alto, soprattutto se il piacere della vista è accompagnato da un buon drink. Al *City Zen (Odós Mitropóleos/Odós Aióloi | www.facebook.com/CityZenAthens)* si può gustare un ottimo caffè a ritmo di musica lounge. Il *Bar 360 (Piazza Monastiráki)* invece offre un vasto assortimento di cocktail. Più tranquilla è l'atmosfera sui giardini pensili dell'*Hotel Central (Odós Apóllonos 21 | www.centralhotel.gr/it)*, dove è possibile ammirare l'Acropoli persino da una vasca idromassaggio.

2 Sotto gli aghi

Che dolore! Ad Atene i negozi di tatuaggi continuano a spuntare come funghi nei quartieri di tendenza. I soggetti più richiesti sono brevi testi greci e immagini delle antiche divinità. Tra i centri specializzati si consigliano il *Black Rose Tattoo (facebook.com/BlackRoseAthensTattoo)* nel quartiere di Psirrí e il *Tattoo Nico (www.tattoo.gr)* dove lavorano un esperto di graffiti, il famoso Siemor, e un graphic designer del calibro di Dimítris Chatzís.

3 Occhio al portafoglio

Il culto del gioco Con la crisi sono tornati di moda i giochi di società. Anziché spendere soldi in concerti o eventi mondani, gli ateniesi preferiscono starsene a casa a giocare a Scarabeo o a Monopoli (nella versione greca). La tendenza ha influenzato anche molti locali e bar in cui i giochi da tavola stanno prendendo sempre più piede. Il locale più fornito è il *Playhouse (Skouzé 3/Platía Agías Irínis | Emborikó Trígono)* che mette a disposizione dei clienti più di 500 giochi di società provenienti da ogni parte del mondo.

Ad Atene le novità da scoprire sono tante: le più entusiasmanti in queste pagine

Sano e biologico

4

Consapevolezza gastronomica Anche gli ateniesi sono saltati a bordo del treno del bio e dei prodotti a chilometro zero. Un perfetto esempio è offerto dal *Pure Bliss (Odós Romvis 24a)*, sul cui tavolo dalla forma insolita vengono servite specialità fusion e crossover, oltre a deliziosi smoothie, torte e caffè particolari. A differenza di questo locale, che propone anche portate a base di carne, l'*Avocado (Nikis 30 | Syntagma | www.avocadoathens.com)* è un locale esclusivamente vegetariano, molto apprezzato in particolare dai giovani ateniesi. Un altro locale dove la carne è bandita è il *Panepistimíou (Leofóros Panepistimíou 57 | El Venezelou)*, la dimostrazione lampante che anche il fast food può essere salutare.

Graphic novel

5

Gli eroi dell'infanzia Atene è una vera e propria mecca per gli appassionati di fumetti. E non solo di quelli classici per ragazzi. Sono disponibili infatti numerose opere di autori contemporanei, destinati anche ai lettori meno giovani. L'associazione *Comicdom Con*, oltre a sostenere i giovani talenti del fumetto, organizza ogni anno il *Comicdom Con Athens Event (www.comicdom-con.gr | in foto)*, il più importante festival greco del fumetto durante il quale si può partecipare a eventi e laboratori artistici. Per i collezionisti l'appuntamento da non perdere è la mostra-scambio *Free Comic Book Day (www.freecomicbookday.com)*, che si tiene ogni anno il primo sabato di maggio. I migliori indirizzi ateniesi dove poter acquistare fumetti sono il *Tilt Comics (Odós Asklipeioú 37 | tilt.gr)* e il *Kapsimi Publications (Odós Kiáfas 3/Akadimías)*.

PAROLE CHIAVE

AMBIENTE

Il famigerato smog di Atene appartiene ormai al passato: il mare è tornato finalmente a farsi ammirare dall'Acropoli; la metro e i tram hanno rimpiazzato le auto riducendo al minimo l'impatto ambientale; molte linee di autobus utilizzano ormai solo biocarburante o impiegano mezzi elettrici; tutto il centro storico è a traffico limitato e il numero delle zone pedonali è in continuo aumento. I cittadini fanno la raccolta differenziata dei rifiuti. Le acque di scarico confluiscono su un isolotto disabitato nella rada del Pireo dove vengono depurate; il materiale solido che ne deriva viene fatto asciugare ed esportato per essere impiegato nella produzione di energia elettrica. Paradossalmente però l'elettricità di cui usufruiscono gli ateniesi è prodotta soprattutto nelle centrali elettriche, che bruciano lignite coltivata a giorno (proveniente perlopiù dalla Macedonia occidentale). Per quanto riguarda invece l'energia solare, gli ateniesi utilizzano pannelli per la produzione di acqua calda.

BANDIERE

Ad Atene le bandiere sono parte integrante del contesto urbano. Quella bianco-azzurra della Grecia o quella europea sono note a tutti, ma ce ne sono due che necessitano di una breve descrizione: su quella della città è raffigurata la testa della dea Atena protetta da un elmo e posta sopra una croce greca dorata

In foto: la chiesa di Panagia Kapnikaréa in Odós Ermoú

Atene tra presente e passato: i greci sono un popolo unico in Europa, e il loro stile di vita è a volte difficile da comprendere

su sfondo azzurro. La croce e la testa della dea sono cinte a loro volta da una corona d'alloro. L'altra bandiera, su cui è raffigurata invece un'aquila bicipite su sfondo giallo, si trova generalmente issata davanti alle chiese: si tratta della bandiera della medievale Bisanzio.

BYZANTINE

Sapete decifrare tutto ciò che leggete? Ad Atene troverete centinaia di cartelli, perlopiù di colore marrone, che riportano il termine inglese *byzantine*, ovvero "bizantino". L'indicazione si riferisce all'era bizantina che durò circa un millennio, dal 500 al 1453. Un periodo che dal punto di vista cronologico corrisponde approssimativamente al nostro Medioevo. Per tutto questo tempo, Atene appartenne all'Impero bizantino, la cui capitale era Costantinopoli, quella che i turchi in seguito avrebbero rinominato Istanbul. L'impero si estendeva su tutta l'Asia Minore e la penisola balcanica, nonché su alcuni territori italiani e nordafricani.

Anche i preti ortodossi partecipano alla vita quotidiana della capitale

CHIOSCHI

Ad Atene i chioschi sono considerati alla stregua di veri e propri beni culturali. Se ne trovano in gran quantità in ogni piazza e a quasi tutti gli incroci. Sono aperti dalle prime luci dell'alba fino a tarda sera e vendono di tutto, anche le cose più impensabili. Potete acquistarvi sigarette e accendini, ma anche preservativi, aspirine, saponi e pettini. Non tutti possono aprire un chiosco: le licenze sono assegnate di preferenza alle categorie protette o alle fasce più bisognose.

FALSI AMICI

Se un ateniese vi dovesse dire *entáxi*, sappiate che non intende ordinare un taxi, ma vi sta dicendo semplicemente "ok". Anche la diffusa espressione *entéchno* può creare simili equivoci, facendo pensare alla musica techno. *Entéchno* invece si riferisce alle ballate rock in lingua greca, cantate prevalentemente da solisti che si accompagnano con la chitarra. Un genere, insomma, che può piacere a chiunque non sia appassionato di techno.

GRAFFITI

Ad Atene, durante la famigerata *krísis*, è scoppiata una strana epidemia: quella dei graffiti. Al punto che la metropoli greca ne è diventata la capitale europea. La polizia greca non interviene perché agli artisti di strada è concesso di creare liberamente, anche se la quantità di quelle che possono definirsi opere d'arte supera di poco quella degli scarabocchi senza senso. Gli slogan che hanno un'ambizione più internazionale vengono scritti in inglese. Le roccaforti sono i quartieri di Exarchía e di Psirrí. In Odós Pitaki, in particolare, la street art entra in simbiosi con la light art: per tutta la via infatti pendono migliaia di vecchie lampade.

KRÍSIS

I locali del centro sono stracolmi, così come i sacchetti della spesa. Di notte sembra che nessuno voglia dormire, tant'è che i taxi fanno buoni affari. A giudicare dalle apparenze, è difficile credere che la Grecia sia stata colpita dalla crisi. Ma la crisi c'è, eccome! E sembra destinata a durare ancora a lungo. Va detto però che i greci hanno sempre vissuto alti e bassi nel corso della loro storia e riescono ad adattarsi rapidamente alle difficoltà. La gente ora fa economia sulla spesa, consuma sempre meno fuori casa e inizia a limitare anche le bevute al bar. Sono questi i rimedi che il popolo greco ha dovuto adottare in seguito ai notevoli tagli salariali e pensionistici imposti dall'Europa. I negozianti e gli albergatori si sono dovuti adeguare al mercato, ma offrono comunque prezzi moderati alla propria clientela. Là dove è possibile, malgrado il costante monitoraggio internazionale, il governo attua anche una serie di misure assistenziali: i prezzi dei biglietti di autobus e treni sono tra i più economici d'Europa, mentre gli studenti e i pensionati possono usufruire di numerosi sconti e agevolazioni. Quanto alla presenza di mendicanti o senzatetto, Atene rientra nella media delle altre metropoli europee. E poi si sa: là dove regna la povertà, spesso la si maschera bene. A tal punto che alcune mense sociali arrivano a consegnare i pasti a domicilio ai più bisognosi, come se fossero dei servizi di pizza a domicilio.

MANIFESTI

Di sera ad Atene c'è sempre tanto da fare, ma spesso è difficile scoprirlo. I calendari delle manifestazioni, sia su carta stampata che online, sono quasi sempre incompleti. Sembrerà strano, ma per gli ateniesi le migliori fonti di informazione sono le facciate degli edifici. Non c'è organizzatore di eventi che non affigga il proprio programma per strada all'interno del quartiere di appartenenza. Se non riuscite a decifrare cosa c'è scritto (gli eventi sono pubblicizzati esclusivamente in greco), fate una foto ai manifesti che vi sembrano più interessanti e chiedete di tradurveli al personale della reception del vostro hotel, sempre pronto ad aiutarvi.

ORARI

Il clima influisce notevolmente sulla vita quotidiana degli ateniesi, che sono perlopiù un popolo di mattinieri: uffici, mercati e musei infatti aprono già tra le 8 e le 9 del mattino. D'estate, il caldo soffocante entra in azione nel primissimo pomeriggio e quindi banche, posta e negozi tendono a chiudere intorno alle 14. Gli unici a restare aperti anche il pomeriggio sono gli uffici e le officine delle aziende private. I più fortunati invece vanno a casa a schiacciare un pisolino.
La città però si risveglia intorno alle 18 e il lunedì, il martedì, il giovedì e il venerdì i negozi sono aperti anche di sera. Chi è libero da impegni lavorativi si dedica alla cosiddetta *vólta*, ossia alla classica passeggiata in centro o davanti ai bar del proprio quartiere, interrotta solitamente da una capatina nel locale preferito. Verso le 21 di norma la gente torna a casa o si ferma a cenare in una taverna in compagnia di parenti o amici. In seguito alle gravi perdite finanziarie che moltissimi greci hanno subito durante la crisi economica degli ultimi anni, svariati negozi hanno dovuto chiudere i battenti e il numero degli avventori di bar e ristoranti si è ridotto drasticamente. A mezzanotte, durante la settimana, i greci sono quasi tutti a letto. Le ore piccole sono infatti un lusso che il popolo greco si concede solo durante il weekend o in vacanza.

ORTODOSSIA

La maggior parte della popolazione greca è di fede ortodossa. Questa fede non riconosce il papa come capo supremo della Chiesa, i preti ortodossi possono sposarsi, le messe – tra un continuo viavai di fedeli – durano spesso dalle due alle tre ore e, per i cristiani ortodossi, un ruolo molto importante è ricoperto dai santi. La maggior parte dei greci crede infatti che questi siano in grado di compiere miracoli e si affidano, in base ai problemi che li affliggono, alle icone del santo "di competenza"; icone che secondo il credo ortodosso, consentirebbero ai vari santi di essere presenti nei luoghi di culto.

ORTOGRAFIA

La maggior parte dei greci odia le regole ferree, anche quelle ortografiche. Questo purtroppo finisce per creare problemi ai turisti stranieri, soprattutto quando cercano un'indicazione stradale. Cartelli, insegne e cartine riportano spesso parole greche scritte con grafie diverse. Si prenda ad esempio il termine *agía* ("santa"): talvolta è scritto così, altre volte appare sotto forma di *aghia* o *ayia:* tutte e tre le versioni sono corrette. In fin dei conti, quando ci sono meno regole è più difficile sbagliare. E a noi turisti non resta che lavorare d'immaginazione.

TAVOLATA

Una buona *paréa* gioca un ruolo determinante nelle relazioni di molti ateniesi. È difficile trovarli da soli al bar o in una taverna; preferiscono infatti uscire con la famiglia o con gli amici. La *paréa*, insomma, è la compagnia giusta. Una consuetudine che salta all'occhio specialmente nei locali e nei ristoranti. In queste circostanze la *paréa*, che qui equivale alla tavolata dei commensali, comincia subito con l'ordinare un gran numero di portate diverse. Il cameriere porta ciò che è pronto in cucina e sistema le pietanze al centro. Ognuno ha un piatto vuoto davanti a sé e prende tutto ciò che desidera. La tradizione vuole che il conto lo paghi una persona sola, anche se tra i giovani va gradualmente affermandosi l'abitudine di dividersi la spesa.

VINO... RESINATO

In Grecia, da una ventina di anni a questa parte, si produce un gran numero di ottimi vini con diverse varietà di uva; nonostante questo, però, agli occhi degli stranieri il vino greco per antonomasia continua a essere la *retsína*. Il tipico vino

AMANTI DELLO SPORT

Ad Atene, i nomi più importanti in materia di sport sono l'Olympiakós Pireo *(www.olympiacos.org)*, l'AEK Atene *(www.aekfc.gr)* e il Panathinaikós *(www.paobc.gr)*. Sono queste infatti le società sportive che dominano la scena del calcio, della pallavolo e del basket greco. Per prenotare su internet i biglietti degli incontri bisogna prima registrarsi... ma in lingua greca. Per acquistarli ai botteghini dello stadio ci vuole invece un bel po' di fortuna. L'Olympiakós gioca al *Karaiskáki (metro L1: Néo Faliró)*, il Panathinaikós al *Nikolaídis (metro L3: Ambelókipi)*, mentre l'AEK disputa i propri incontri prevalentemente al nuovo *Stadio Olimpico (metro L1: Irínis)*. Per informazioni rivolgetevi ai fan club delle varie società: quelli dell'Olympiakós si trovano al porto di Zea e nel quartiere di Monastiráki *(Odós Iféstou 11 | tel 210 32 14 889)*, quelli del Panathinaikós presso lo stadio Nikolaídis *(tel 210 80 93 630)*, quelli dell'AEK nel quartiere della Pláka *(Odós Eólou | tel 210 32 36 750)*. I biglietti più economici costano tra i 15 e i 20 euro. Per quanto riguarda il basket, le squadre del Panathinaikós, campione europeo nel 2007 e nel 2009, e dell'AEK disputano gli incontri casalinghi all'*OAKA – Olympic Indoor Sports Center (metro L1: Irínis)*. L'Olympiakós, campione d'Europa nel 2012 e nel 2013, gioca invece nel cosiddetto *Stadio della pace e dell'amicizia (metro L1: Néo Faliró)*.

Venditori ambulanti e piccole botteghe caratterizzano la vita commerciale di piazza Monastiráki

resinato greco è disponibile ovunque, perlopiù in bottiglie da mezzo litro, ma anche sfuso. La *retsína* è prodotta mescolando resina di pino di Aleppo al mosto in fermentazione (di norma 3 grammi per litro). Le origini di questa pratica sono antichissime e risalgono a quando la resina veniva inizialmente impiegata per migliorare la conservazione del vino nelle anfore.

ZEUS & CO

Nell'antica Grecia, Zeus era considerato il più potente degli dèi. I Giochi Olimpici erano organizzati in suo onore e ad Atene, sempre per lui, fu eretto il Tempio di Zeus Olimpio. Suo fratello Poseidone, invece, a cui fu dedicato un importante tempio a Capo Sunio, era il dio del mare e dei terremoti. Ade, un altro fratello, soprintendeva al regno dei morti, a cui si poteva accedere, secondo le credenze antiche, attraverso la grotta sacra di *Ploutonion* nella città di Eleusi. La sposa di Zeus si chiamava Era e al loro unico figlio legittimo, Efesto, fu dedicato un tempio nell'antica Agorà. Da una delle innumerevoli relazioni extraconiugali, Zeus generò, oltre ad Afrodite, la dea dell'amore, anche Apollo, il dio della bellezza e della luce. Il suo santuario principale si trovava a Delfi. Dioniso era invece il dio della fertilità, del vino e del teatro. In passato, la gente lo onorava nel teatro omonimo ai piedi dell'Acropoli; oggi continua a farlo nelle taverne in compagnia degli amici.

ZUPPA SOSTANZIOSA

A fine serata, di norma, gli ateniesi consumano una zuppa fatta di trippa e frattaglie di stomaco di bovino: la cosiddetta *patsá,* che viene messa a "fermentare" in grossi tini, a volte addirittura murati. I locali dove è servita, aperti quasi sempre 24 ore su 24, sono facilmente riconoscibili dalle bottiglie di aceto sistemate sui tavoli. La *patsá* più tipica si può trovare all'alba all'interno del mercato coperto, dove nottambuli e commercianti s'incontrano mentre la città lentamente si risveglia.

DA VEDERE

INIZIAMO DA...

Quasi tutte le attrazioni turistiche di Atene e gli alberghi della città si trovano in **centro** e sono raggiungibili comodamente a piedi. Metro, autobus e tram rendono il sistema dei trasporti ateniese uno tra i più efficienti e convenienti d'Europa. Le stazioni centrali sono **Omónia (125 F3)**, **Syntagma (126 A5)** e **Monastiráki (125 E5)** e permettono ai visitatori di esplorare il centro. Chi invece si muove in auto, parcheggia prevalentemente alla stazione di Sygroú-Fix. Ad Atene, le autorimesse e i parcheggi sono pochi e costano parecchio.

Quando avrete terminato il giro della città, date un'occhiata alla vostra app contapassi: non potrete che gioire! E sarete orgogliosi di aver contribuito a ridurre l'inquinamento: nella capitale greca, infatti, si fa quasi tutto a piedi.
Attrazioni e musei sono vicinissimi tra loro. Quasi a ogni angolo si trovano piccoli bar e caffetterie dove poter gustare un frullato o un buon succo di frutta. L'auto da queste parti è solo un impedimento, e le poche mete turistiche un po' più decentrate possono essere raggiunte facilmente in metro, tram o autobus.
Le bellezze di Atene non sono soltanto le opere dell'antichità. Anche il Medioevo infatti ha lasciato delle tracce, soprattutto attraverso chiese e monasteri. In città c'è persino una moschea, testimonianza del

In foto: l'Accademia delle scienze

Atene è una città viva e ricca di storia, dove passato e presente sono tuttora strettamente intrecciati

periodo ottomano. Notevoli sono anche gli edifici in stile neoclassico sorti dopo la nascita del nuovo stato indipendente tra il XIX e gli inizi del XX secolo. Ultimamente in Grecia la tendenza è quella di riconvertire i vecchi edifici industriali, ecco alcuni esempi: all'interno del gasometro ormai in disuso sono sorti locali di tendenza e gallerie d'arte, mentre una ex fabbrica di birra è stata adibita a museo di arte contemporanea.

Ad Atene, lo scenario dei musei è estremamente variegato: si va dai tre importantissimi dedicati all'antichità, fino alle due preziose gallerie destinate all'arte bizantina. E non finisce qui: ci sono musei che illustrano la vita ebraica e l'arte islamica, musei d'arte moderna, del folclore e di storia neogreca. Al porto del Pireo si possono seguire le tracce dell'antica Ellade, nonché visitare una nave militare risalente alla prima guerra mondiale.

Quasi tutti i musei che vi proponiamo qui di seguito sono situati nel centro storico o sono raggiungibili a piedi in pochi minuti dal cuore della città. Sono chiusi a Capo-

Questa è la localizzazione dei quartieri più interessanti di Atene. Per ognuno di essi trovate una cartina dettagliata, in cui sono indicati con un numero tutti i luoghi descritti.

danno, il 25 marzo, il venerdì santo, il 1° maggio, il 25 e il 26 dicembre. Gli orari di apertura domenicale sono validi anche nei seguenti giorni: il 6 gennaio, il lunedì grasso, la vigilia e il lunedì di Pasqua, il 15 agosto e il 28 ottobre. Infine, il 2 gennaio, la domenica di carnevale, il giovedì santo, il 24 e il 31 dicembre i musei sono aperti soltanto dalle 8.30 alle 12.30.

A SPASSO PER L'ACROPOLI

Quasi tutti i siti storici di Atene si trovano nelle immediate vicinanze dell'Acropoli, così come le numerose e graziose chiesette bizantine, molte delle quali si concentrano all'interno della Pláka, un antico quartiere centrale a traffico limitato.

Le trattorie e i negozi di souvenir sono una costante lungo le vie principali. Splendide case interamente restaurate risalenti al XIX secolo sono disseminate lungo il pendio di roccia che porta all'Acropoli, mentre nel quartiere di Anafiótika all'interno della Pláka si respira un'atmosfera particolarmente paesana. Tra piazza Monastiráki e il quartiere di Thisío potrete trovare la zona dei mercatini delle pulci con una miriade di locali da cui si gode di una splendida vista sull'Acropoli. A sud della "rupe degli dèi", l'ampio viale pedonale Dionísiou Areopagítou separa i due teatri antichi da un quartiere sorto nel dopoguerra, il cui centro nevralgico è rappresentato dal nuovo Museo dell'Acropoli.

1 ! AGÍA DÍNAMI (127 E3) *(🕮 J4)*
Che ne sarà di questa capella con 400 anni di storia divenuta d'ostacolo alla costruzione di un grattacielo? Di abbatterla non se ne parla, anche perché il suo "sacro potere" ha molti seguaci. Di conseguenza, il nuovo edificio che la sovrasta, e che oggi ospita l'hotel Eléctra Metrópolis *(→ p90)*, è stato eretto su alti pilastri, facendo della cappella quasi un ospite fisso del lussuoso albergo. *Odós Mitropóleos 15*

2 AGORÀ E MUSEO DELL'AGORÀ ★
(126 B-C3) *(🕮 H4)*
CARTINA NEL RISVOLTO DI COPERTINA
Passeggiare per questo antico mercato è un'esperienza unica. Innanzitutto perché non è più un mercato. Ci si sente piuttosto in un parco romantico e selvaggio, in mezzo a splendide rovine del passato. Un tempo l'Agorà di Atene era il cuore pulsante della democrazia. Nell'antica Grecia, infatti, su questa superficie quadrangolare di circa 120 m per 120 m, sorgevano numerose istituzioni politiche, templi dedicati agli dèi e statue di eroi. È nell'Agorà che il filosofo Socrate fu condannato a morte. È sempre qui che poeti come Eschilo ed Euripide, politici come Pericle e Temistocle o pensatori del calibro di Platone e Artistole trascorrevano buona parte del loro tempo.
Per più di mille anni, all'incirca dal V secolo a.C. al 580 d.C., l'Agorà ha rappresentato il punto nevralgico del commercio e della vita sociale di Atene. Al suo interno, sul lato occidentale, troviamo il Tempio di Efesto, del V secolo, mentre su quello orientale la Stoà di Attalo, un portico a due livelli lungo 116 m, che probabilmente aveva la funzione di ospitare le botteghe dei commercianti. Nell'Agorà c'erano altre stoà simili che si estendevano lungo

LE SCELTE MARCO POLO

★ Agorà e Museo dell'Agorà
L'antica piazza del mercato e il tempio meglio conservato di tutta la Grecia → p29

★ Acropoli
Le rovine più famose d'Europa → p32

★ Museo dell'Acropoli
Splendida architettura e un'ottima caffetteria → p37

★ Tempio di Zeus Olimpio
Per la costruzione di quest'opera maestosa ci sono voluti ben 700 anni → p43

★ Ceramico e Museo del Ceramico
Per godersi l'antichità in tutta calma → p45

★ Mercato coperto
Carne, pesce, formaggi, verdure, olive e tanto altro ancora... → p45

★ Licabetto
Il colle panoramico degli ateniesi → p49

★ Giardino Nazionale
Un'oasi verde nel cuore della città → p50

★ Museo di Arte Cicladica
Opere d'arte con 5000 anni di storia → p50

★ Museo Archeologico Nazionale
Il meglio che la Grecia possa offrire → p53

★ Centro culturale Stavros Niárchos
Architettura moderna e tante possibilità per il tempo libero → p57

★ Capo Sunio
Qui si possono ammirare i più bei tramonti greci → p60

tutto il perimetro della piazza. L'attuale, tuttavia, è una ricostruzione moderna dell'edificio ellenistico fatta sulla base dei pochi resti architettonici trovati. Oggi è sede dell'imperdibile *Museo dell'Agorà.* L'aspetto più interessante di questo piccolo museo a due piani sono i reperti esposti che raccontano come si viveva nell'antichità. Potrete ammirarvi ad esempio due modelli di scarpe in argilla risalenti al IX secolo a.C., dei pesi di pietra, del V secolo a.C., e di piombo, che risalgono a circa due secoli prima di Cristo. In un'altra teca sono esposti una culla e un vaso da notte che, malgrado siano del VI secolo a.C., presentano comunque un aspetto piuttosto moderno. Troverete inoltre vasi, padelle, scaldavivande e arnesi per arrostire la carne, e persino un fornello portatile, testimonianze della vita nelle cucine di più di 2000 anni fa.

Nell'Atene del V secolo a.C., i processi di ostracismo erano una pratica comune. Circa una volta all'anno, infatti, si teneva un'assemblea popolare composta da almeno 6000 cittadini, i quali erano chiamati a incidere su dei frammenti di terracotta il nome della persona che intendevano allontanare per 10 anni dalla città. Il povero malcapitato con più voti era costretto a partire in esilio. Nel Museo dell'Agorà sono conservati numerosi di questi frammenti, detti *óstraka*, tra cui una clessidra ad acqua che durante i processi di ostracismo serviva a limitare a sei minuti circa il tempo che ciascuna parte in causa aveva a disposizione per parlare. È esposta persino una specie di macchina per le estrazioni del lotto, con la quale venivano assegnati gli incarichi pubblici affidandosi alla sorte.

Un'opera davvero originale è il *Tempio di Efesto (Theseion),* quello meglio conservato di tutta la Grecia. Risale alla seconda metà del V secolo a.C. ed è dedicato al dio del fuoco, delle fucine e, più in generale, delle attività artigianali. Uno dei motivi principali per cui il tempio si è preservato così bene risiede nel fatto che i greci lo riutilizzarono come chiesa

La Stoà di Attalo all'interno dell'Agorà è stata ricostruita negli anni '50

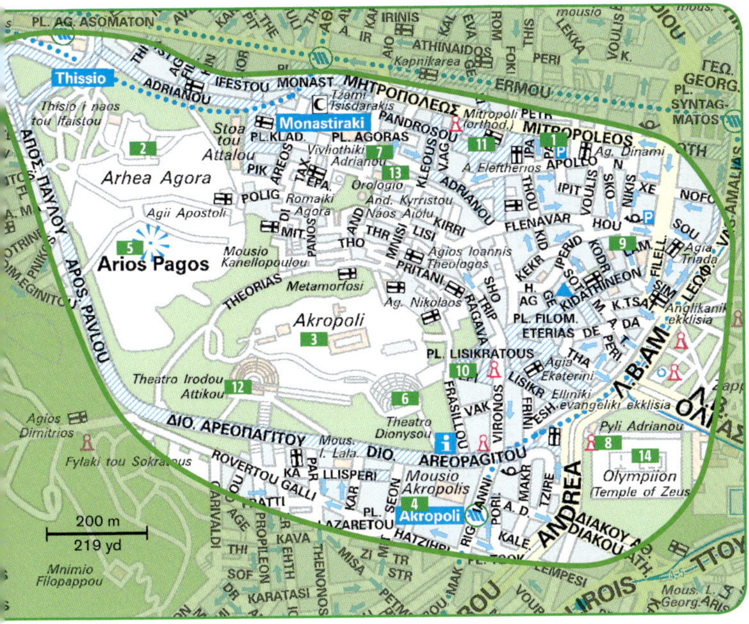

DA VEDERE NELL'ACROPOLI

Zona pedonale

- **1** Agía Dínami
- **2** Agorà e Museo dell'Agorà
- **3** Acropoli
- **4** Museo dell'Acropoli
- **5** Aeropago
- **6** Teatro di Dioniso
- **7** Biblioteca di Adriano
- **8** Arco di Adriano
- **9** Museo Ebraico
- **10** Monumento coregico di Lisicrate
- **11** Cattedrale metropolitana dell'Annunciazione e la Piccola Mitropoli
- **12** Odeon di Erode Attico
- **13** Agorà romana
- **14** Tempio di Zeus Olimpio

fino al 1834, risparmiandogli così la sorte toccata a molti altri edifici antichi, il cui materiale, in epoca cristiana, fu reimpiegato per la costruzione di nuovi palazzi.

Il tempio presenta una peristasi di 34 colonne doriche attorno a una cella dove in origine erano esposte le immagini sacre di Efesto e della dea Atena. Esternamente si può ammirare un lungo fregio che corre intorno al tempio e presenta la classica alternanza di triglifi (lastre solcate da tre scanalature verticali) e metope (campi rettangolari in parte decorati con sculture), le quali illustrano le vicende di due mitici eroi greci: Eracle e Teseo (questo spiega perché il tempio sia chiamato anche *Theseion*). Di notevole interesse è senz'altro il ! soffitto a cassettoni del portico, riccamente decorato. Era una caratteristica di quasi tutti i templi dell'antichità, ma solo qui si presenta in perfetto stato di conservazione.

Il tetto originale è scomparso: un tempo era costituito da tegole rosse in terracotta. Quando si pensa all'aspetto originario del Tempio di Efesto, non bisogna immaginarlo bianco: i fregi e i singoli elementi erano infatti dipinti.

Nell'antica Grecia, tra la Stoà di Attalo e il Tempio di Efesto, sorgevano numerosi altri edifici dei quali purtroppo ci sono pervenute solo delle minime tracce. A quei tempi, infatti, all'estremità occidentale dell'Agorà, e ai piedi del Tempio di Efesto, c'erano ad esempio il *Bouleuterion* che ospitava il consiglio della *polis*, il *Metroon*, il tempio di Cibele, e un edificio circolare, la *Tholos*, che fungeva da sala riunioni dei 50 consiglieri della città. Intorno all'anno 20 a.C., al centro dell'Agorà venne eretto l'*Odeon di Agrippa*, ovvero una sala concerti per circa 1000 spettatori.

L'Agorà era attraversata dalla cosiddetta *Via Panatenaica*, lungo la quale, durante le omonime feste, la gente sfilava in processione verso l'Acropoli. Parte del selciato originale è rimasto inalterato ed è accessibile ai visitatori. *Tutti i giorni apr-ott 8-20, nov-marzo 8-15 | ingresso €8 (o con biglietto cumulativo → p117) | si accede dal versante settentrionale dell'Acropoli, da Platía Thissíou e da Odós Adrianoú*

3 ACROPOLI ★

(126-127 C-D 4-5) *(H4-5)*

CARTINA NEL RISVOLTO DI COPERTINA

L'Acropoli di Atene è il monumento più famoso dell'antica Grecia. Considerata dai greci un vero e proprio monumento nazionale, è un luogo sacro in cui ai visitatori non è consentito consumare neanche un panino. L'Acropoli (che in greco significa "città alta") domina la piana di Atene ergendosi su uno sperone di roccia a un'altezza di 156 m. Il sito è accessibile solo dal versante occidentale dell'altopiano roccioso; gli altri tre versanti infatti sono talmente ripidi da risultare impraticabili.

Con i suoi 320 m di estensione lungo l'asse est-ovest e i suoi 156 m di ampiezza, l'altopiano ha sempre offerto spazio a sufficienza per la costruzione di un gran numero di edifici. Nelle giornate di sereno, dall'Acropoli si ha una magnifica vista fin sul Golfo Saronico e le isole di Salamina e di Egina. D'inverno, con il bel tempo, si possono ammirare le vette innevate del Peloponneso.

Nell'antichità, l'altopiano, grazie alla sua natura sopraelevata, ha sempre costituito la sede ideale per erigervi una fortezza e difendersi dagli attacchi dei nemici. L'Acropoli stessa, sin dalle sue origini e per tutto il Medioevo, è stata impiegata prevalentemente come rocca difensiva. In 4000 anni di storia, tuttavia, all'altopiano sono state assegnate così tante funzioni che l'Acropoli ha finito per assumere una miriade di volti differenti. Ciò che si presenta oggi agli occhi dei visitatori offre un'immagine un po' distorta di quello che doveva essere il sito in origine. Dei suoi quattro millenni di storia infatti ci sono state tramandate soltanto pochissime tracce, e in particolare: Porta Beulé, i Propilei, il Tempio di Atena Nike, l'Eretteo e il Partenone. Malgrado ciò, è proprio su questi resti del passato che si fonda l'ideale di antichità classica elaborato dall'uomo negli ultimi due secoli. Nella Grecia odierna, le opere di restauro degli edifici antichi si ispirano a questo modello neoclassico, che costituisce un motivo d'orgoglio nazionale, con la conseguenza che l'Acropoli continuerà a essere un grande cantiere anche nei prossimi anni.

Alcuni critici la definiscono "una rovina artistica" e lamentano in particolare il fatto che negli ultimi 160 anni si sia abbattuto tutto ciò che potesse contrastare con la visione storica elaborata dagli archeologi e dagli studiosi dell'antichità. A giudicare da alcuni acquerelli e incisioni risalenti a poco meno di 200 fa, l'Acropoli doveva essere ancora un centro molto vitale. Queste opere, ad esempio, testimoniano l'esistenza di una moschea con minareto che spuntava dal Partenone e la presenza di un palazzo signorile e di un harem all'interno delle antiche mura. Un tempo, sugli stessi lastroni di roccia nuda su cui oggi passeggiano i turisti, sorgevano fenomeni naturali. Per esempio un mito greco attribuisce ad Atena la nascita del primo ulivo che sorse qui a protezione della città.

I doni votivi venivano sistemati in piccole costruzioni di pietra, mentre gli animali erano offerti in sacrificio sugli altari dei vari templi. Il primo sorto sull'Acropo-

L'Acropoli e il Licabetto dominano la città di Atene

stalle e abitazioni con giardino. Le più antiche tracce di insediamento umano sull'altopiano dell'Acropoli risalgono alla metà del II millennio a.C., ovvero all'epoca micenea. A quei tempi, sul punto più elevato del sito, svettava il palazzo del sovrano, che insieme al regno miceneo crollò con le migrazioni delle popolazioni doriche.

Nell'VIII secolo a.C. l'Acropoli cessò di essere la sede di un monarca: è in questo periodo che la città di Atene cominciò a essere amministrata da una serie di famiglie nobili di pari diritti. Di conseguenza, l'Acropoli divenne un santuario dedicato a un gran numero di divinità che non furono adorate esclusivamente sotto forma di statue, ma anche come li risale agli inizi del VI secolo a.C. Era dedicato ad Atena, che evidentemente rappresentava la divinità più importante del periodo. Come materiale da costruzione non fu impiegata soltanto la pietra: le colonne del tempio erano infatti ancora in legno. Gli edifici realizzati interamente in pietra vennero eretti soltanto a partire dal 530 a.C.

Salito al potere nel 546 a.C., per volontà quasi unanime di un popolo oppresso dall'aristocrazia, il tiranno Pisistrato decise di lasciare un'impronta personale nella storia, facendo erigere nuovi monumenti. I figli Ipparco e Ippia fecero invece demolire l'antico tempio di Atena che fu sostituito da uno nuovo, realizzato interamente in pietra. Sotto questi governatori sorse anche la prima porta d'ingresso dell'Acropoli, nonché un importante santuario dedicato alla dea Artemide, che fino ad allora veniva adorata soprattutto a Brauron, in Attica. Tutti questi edifici finirono per essere distrutti dai persiani che nel 480 a.C. costrinsero gli ateniesi a ritirarsi sull'isola di Salamina. Al termine dei due scontri che ne seguirono, il primo – per mare – che passò alla storia come la Battaglia di Salamina, il secondo – sulla terraferma – noto ai posteri come la Battaglia di Platea, dell'Acropoli non restò altro che un mucchio di rovine. Le cose rimasero immutate per una trentina d'anni, e volutamente: la vista delle rovine infatti doveva fungere allo stesso tempo da monito e simbolo della libertà messa in pericolo. Si decise inoltre di esporre i resti del Tempio di Atena sulle mura di cinta dell'Acropoli, e per la costruzione di nuovi tratti di recinzione vennero reimpiegati gli stessi tamburi delle antiche colonne che si possono ammirare ancora oggi. In questo periodo, Atene si trasformò in una sorta di stato democratico, in cui tutte le decisioni erano prese da un'assemblea di liberi cittadini. Ma fu solo intorno al 450 a.C. che si decise di costruire i quattro edifici che oggi i visitatori di tutto il mondo ammirano: il Partenone, il Tempio di Atena Nike, i Propilei e l'Eretteo. Ad accelerare questo processo di riedificazione dell'Acropoli contribuì in particolar modo Pericle, un geniale statista, che ricoprì la massima carica pubblica per più di 30 anni consecutivi. Anche lui, naturalmente, aveva degli avversari, tant'è che i maggiori edifici dell'Acropoli divennero espressione di due correnti politiche contrapposte: i democratici-progressisti e i conservatori-tradizionalisti. Il Partenone e i Propilei appartengono al primo gruppo, mentre l'Eretteo e il Tempio di Atena Nike al secondo. Alla fine entrambe le idee alla base della ricostruzione dell'Acropoli furono accontentate: si trattava infatti di rappresentare, attraverso la pietra, la potenza e lo splendore della città di Atene. L'esigenza di erigere nuovi santuari in onore delle divinità più importanti era invece sentita soprattutto dai conservatori.

PORTA BEULÉ

Ai piedi dei Propilei si può ammirare una porta fortificata che prende il nome dal suo scopritore: l'archeologo francese Ernest Beulé. La porta fu eretta più di 700 anni dopo la costruzione degli edifici classici risalenti all'età di Pericle. Alle sue spalle si trova un piedistallo in pietra alto 8 metri, il cosiddetto *Monumento ad Agrippa* su cui in epoca romana posava l'immagine in bronzo del benefattore romano. *A sud della porta si trova l'accesso all'Acropoli*

I PROPILEI

Con la costruzione dei Propilei, sotto la direzione dell'architetto Mnesicle, tra il 437 e il 432 a.C., gli ateniesi realizzarono il primo ingresso monumentale nella storia dell'Ellade. Questo accoglieva i visitatori diretti all'Acropoli attraverso un portico di sei colonne doriche. Sul lato destro del corpo centrale correva una doppia serie di colonne ioniche, ciascuna composta da tre unità, che immetteva in una sala con un soffitto dipinto a stelle dorate su sfondo blu. Un altro portico di sei colonne doriche, parallelo a quello anteriore, conduceva infine al santuario vero e proprio.

La facciata principale dei Propilei fu eretta appositamente nel luogo in cui si tenevano le assemblee popolari: la collina di Pnice. Le due ali laterali avevano scopi e aspetti diversi: la più grande, quella a sinistra, ospitava una collezione di quadri ed era utilizzata per simposi; quella a destra era molto più piccola, un elemento che può apparire sorprendente se si pensa al rigoroso principio di simmetria che ispira tutto il resto dell'edificio. Quest'ala è una testimonianza del compromesso a cui giunsero i progressisti e i conservatori ateniesi. Se l'ala destra avesse avuto le stesse dimensioni di quella sinistra, avrebbe finito per sminuire l'importanza di santuari molto più antichi, come quello dedicato alla dea Artemide a Brauron. Un segno visibile di questo processo di "larghe intese" è rappresentato dalla parete meridionale dell'ala destra dei Propilei, che è stata lasciata volutamente incompiuta. Diversamente dal solito, tuttavia, le protuberanze che servivano a sollevare i blocchi di marmo durante la costruzione non furono rimossi del tutto.

TEMPIO DI ATENA NIKE

L'armonia espressa da questo minuscolo tempio, visibile già dall'esterno, è nettamente superiore a quella di opere ben più imponenti. Diversamente dai Propilei e dal Partenone, quello di Atena Nike era un tempio vero e proprio: ospitava infatti un simulacro e un altare sacrificale in onore della dea della vittoria. Le quattro colonne ioniche poste sulla facciata anteriore e su quella posteriore furono costruite volutamente "all'antica", il tutto a voler sottolineare che il tempio fosse esclusivamente un luogo di culto in contrasto con gli edifici rivoluzionari dell'età di Pericle. Smontato completamente nel 2003 per procedere al restauro dei suoi marmi, il tempio è stato nuovamente ricostruito nel 2009-2010.

ERETTEO

Nel 421 a.C., sfruttando la momentanea interruzione delle Guerre del Peloponneso, si diede il via ai lavori di costruzione di un altro edificio di culto di stampo conservatore: l'Eretteo. L'opera fu completata nel 406 a.C., ma appena due anni dopo ci fu la capitolazione della città che simboleggiò la fine dell'età aurea dell'antica Grecia.

L'Eretteo è un edificio del tutto asimmetrico e disposto su più livelli. Al suo

Eretteo: le Cariatidi sostengono il tetto dell'omonima loggia

interno trovavano spazio le stesse divinità adorate da sempre nell'Acropoli: tra queste, Poseidone, Efesto e i mitici re di Atene Cecrope ed Eretteo. I culti dovevano essere in tutto una dozzina. Il tempio ospitò anche il Palladio, il mitico simulacro in legno della dea Atena, che fino a quel momento era stato custodito tra le rovine del vecchio Tempio di Atena andato distrutto durante le guerre contro i persiani.

Così come in passato, il Partenone continua a essere il gioiello dell'Acropoli

L'elemento più curioso e al contempo più famoso dell'Eretteo è la cosiddetta *Loggetta delle Cariatidi*. Il soffitto di questa loggia è sostenuto da sei sculture impiegate come colonne che rappresentano delle figure femminili. Quelle che si possono ammirare oggi sono soltanto delle riproduzioni di epoca moderna; le sculture originali si trovano ripartite tra il British Museum di Londra e il Museo dell'Acropoli.

PARTENONE

Il più grande e maestoso edificio dell'Acropoli fu eretto nel giro di 15 anni, e per la precisione tra il 447 e il 432 a.C. Oggi purtroppo si presenta privo di tetto e di pareti interne, e la vivace policromia delle trabeazioni e frontoni sono ormai un lontano ricordo del passato. Malgrado ciò è ancora possibile ammirarne la leggerezza, l'eleganza e l'armonia originali. A dire il vero, il Partenone non era un vero e proprio tempio, innanzitutto per l'assenza di un altare sacrificale. L'alta statua in oro e avorio dedicata alla dea Atena, collocata all'interno della cella del Partenone, aveva piuttosto una funzione rappresentativa e costituiva materialmente parte del tesoro di stato. In una sala isolata detta *opistodomo*, alle spalle della cella, erano inoltre custodite le entrate della lega marittima delio-attica. I versamenti monetari provenienti da tutta la Grecia portavano ogni anno nelle casse ateniesi una quantità d'argento pari a 11 tonnellate. Per avere un'idea del loro valore, basti pensare che per la costruzione del Partenone e della statua di Atena erano state spese complessivamente solo 20 tonnellate d'argento. Non fosse stato per la grande ambizione degli ateniesi, il Partenone forse non sarebbe mai stato il capolavoro che oggi tutti conosciamo. Con la costruzione dello splendido edificio, in cui persino il tetto era di marmo puro, e della statua più importante della Grecia, gli ateniesi intendevano dimostrare al resto dell'Ellade non solo la propria potenza, ma anche la propria superiorità tecnica e intellettuale. Fu quest'ultimo aspetto in particolare a incidere sulla grandiosità artigianale e architettonica del risultato. La straordinarietà del Partenone si fonda soprattutto sull'armonia delle proporzioni, che furono calcolate alla perfezione da architetti del calibro di Iktinos e Kallikrates. Per rendere più slanciato quello che all'epoca era considerato un edificio di grosse dimensioni, oltre a ridurre la distanza tra le 42 colonne doriche del complesso, si provvide anche a dotarle di 20 scanalature verticali al posto delle abituali 16. Per trasmettere un effetto generale di tensione, le colonne non furono assottigliate gradualmente, ma apparentemente rigonfiate a circa un terzo della loro altezza (effetto dovuto in realtà alla diminuzione del diametro delle colonne verso l'alto). In campo architettonico, questo accorgimento ottico è definito *éntasi*. Un altro espediente fu quello di inclinare tutte le colonne leggermente all'interno, altrimenti avrebbero dato l'impressione di crollare verso l'esterno. Un ulteriore accorgimento fu la cosiddetta "curvatura" del tempio: se si osservano con attenzione le linee del Partenone, ci si accorge che non sono perfettamente orizzontali, ma leggermente curve. Tutti i gradini del basamento, la piattaforma su cui poggia il tempio e le lastre in pietra delle trabeazioni del tetto vennero innalzate longitudinalmente verso il centro di una decina di centimetri: lo si può vedere anche a occhio nudo. Ciò significa che, per ottenere questo effetto, si dovette adattare ogni singolo elemento della struttura, nonché le estremità superiori e inferiori di ciascuna colonna. Se da un lato le creazioni architettoniche degli ateniesi testimoniano la grandezza della loro democrazia, dall'altro le sculture del Partenone non intendono solo rappresentare divinità ed eventi mitologici, ma soprattutto offrire un'immagine della grandiosità delle cosiddette *Panatenee*, ovvero le celebrazioni che si tenevano in città in onore di Atena. Prima del Partenone, nessun altro tempio greco aveva mai posseduto un numero così elevato di sculture. Mentre il fregio dorico, con le sue 92 metope, aveva la funzione di rappresentare le lotte mitiche, quello ionico, lungo ben 160 m e posto sulle pareti esterne della cella, doveva invece raccontare ai posteri l'aspetto e lo svolgimento della processione di pellegrini diretti all'Acropoli in occasione delle Panatenee, che si tenevano ogni quattro anni e comportavano un grosso dispendio di denaro. Alcune parti dei due fregi sono esposte al Museo dell'Acropoli, altre sono ripartite tra Parigi e Londra. *Acropoli: tutti i giorni apr-ott 8-20, nov-marzo 8-17 | ingresso €20 (o con biglietto cumulativo →* *p117)* *| si accede dal versante occidentale*

4 MUSEO DELL'ACROPOLI ★
(127 D6) (*🕮 J5*)

In questo museo che ha appena dieci anni di vita, l'antichità è esposta come in un parco tematico. L'edificio è stato progettato secondo criteri antisismici dall'architetto svizzero Bernard Tschumi, che come materiale da costruzione principale ha utilizzato il vetro: questo permette ai visitatori di non perdere mai di vista l'Acropoli, che è il sito in cui sono stati rinvenuti tutti gli oggetti esposti. Allo stesso tempo consente ai reperti di essere avvolti dalla luce attica come lo erano più di 2000 anni fa. La lunga tettoia dell'ingresso, che tra l'altro ospita l'eccellente *caffetteria* del museo in cui sono servite specialità provenienti da tutta la Grecia, ha l'aspetto di una grossa freccia puntata verso l'Acropoli. L'ultimo piano, dove sono esposte alcune parti dei fregi del Partenone, è disposto obliquamente rispetto al corpo principale dell'edificio. Questo accorgimento ha un duplice scopo: il primo è quello di conferirgli lo stesso orientamento del tempio, il secondo è quello di consentire al fregio ricostruito di correre nella stessa direzione di quello originale. All'inizio dei lavori di costruzione, nell'area del museo furono rinvenuti numerosi resti di edifici antichi, per questo motivo è stato edificato su alti pilastri. Inoltre, per consentire ai visitatori di ammirare queste rovine dell'antica Atene, sono state installate numerose lastre di vetro blindato sul piazzale antistante l'edificio e al pianterreno del museo stesso.

Il Museo dell'Acropoli non è strutturato in sale: ciascun piano è un open space che ruota attorno all'ampio cuore dell'edificio. Gli oggetti sono esposti liberamente nello spazio e si possono ammirare da qualsiasi angolazione. A sostegno del tetto sono state impiegate delle snelle colonne di acciaio in modo che i visitatori abbiano l'impressione di muoversi all'interno di un vero tempio antico. Il personale del museo è composto per gran parte da esperti archeologi che parlano inglese e sono sempre pronti a rispondere anche alle domande più specifiche. Tutti gli oggetti esposti sono comunque accompagnati da una descrizione in inglese.

Partendo dal pianterreno dell'edificio, dove ci sono le biglietterie e uno dei due negozi del museo, potete salire comodamente lungo una rampa fino al primo piano, un po' come facevano nell'antichità i visitatori dell'Acropoli lungo la Via Panatenaica. Tutti gli oggetti esposti su entrambi i lati sono stati rinvenuti lungo le pendici del sito archeologico.

Al primo piano, che andrebbe visitato procedendo in senso orario, troverete reperti, statue e diversi altri oggetti risalenti all'età arcaica. Potrete poi conoscere la storia degli altri tre edifici, oltre al Partenone, che sono ancora presenti nell'Acropoli: i *Propilei*, *il Tempio di Atena Nike* e l'*Eretteo*. In cima alla rampa potrete ammirare le famose *Cariatidi*, provenienti dall'omonima loggia. Numerosi plastici e riproduzioni rivelano ai visitatori l'aspetto originario di ciascun edificio. Da questo punto del museo, inoltre, si può godere di una fantastica vista sull'Egeo e sul Peloponneso, un po' come facevano gli antichi abitanti che si affacciavano dal Partenone.

Superando la caffetteria e il secondo negozio del museo, salirete fino all'ultimo piano della struttura servendovi di una scala mobile: in questa specie di grosso cubo di vetro troverete i resti dei fregi e delle sculture dei frontoni del *Partenone*. Qui le parti conservate dei fregi esterni e interni del tempio sono disposte in modo tale da rispecchiare fedelmente l'ordine stabilito dagli architetti più di 2500 fa. Alcuni frammenti originali, che attualmente si trovano esposti in musei stranieri, sono stati sostituiti da calchi. La maggior parte delle sculture mancanti è custodita nel British Museum. È da lungo tempo ormai che il governo greco esige la restituzione dei cosiddetti "marmi di Lord Elgin", il quale all'inizio dell'Ottocento li asportò portandoli a Londra. Lo scopo stesso della costruzione di questo museo è quello di tornare a esporre proprio le parti mancanti delle sculture del Partenone in un contesto più autentico del museo londinese. *Apr-ott lun 8-16, mar-dom 8-20 (ven fino alle 22), nov-marzo lun-gio 9-17, ven 9-22, sab-dom 9-18 | ingresso €5 | Odós Dionissíou Areopa-*

gítou 15 | biglietti disponibili anche online | www.theacropolismuseum.gr

5 AREOPAGO (126 B4) (H4)

Questa piccola rupe che si trova vicino all'ingresso dell'Acropoli è senza dubbio ! il più bel punto panoramico di Atene. Anticamente sull'Aeropago si riuniva l'alta corte di giustizia ateniese. Nel 50 d.C. San Paolo tenne qui un discorso importante, riportato negli Atti degli Apostoli, che convertì al cristianesimo uno dei giudici, Dionigi l'Areopagita, futuro vescovo di Atene. *Ingresso libero*

6 TEATRO DI DIONISO (126-127 C-D5) (H-J5)

È proprio qui, ai piedi dell'Acropoli, che nel V secolo a.C. nacque il teatro europeo moderno. All'epoca, l'ingresso era libero. Gli autori che vi inscenarono i loro drammi godono ancora oggi di fama mondiale e le loro opere continuano a essere rappresentate un po' ovunque. Nel Teatro di Dioniso, le prime rappresentazioni con danze e canti corali in onore della divinità risalgono ai primi del VI secolo a.C., mentre nel 534 a.C. compare per la prima volta sulle scene un certo Tespi. A questo semileggendario drammaturgo si deve l'innovazione di affiancare al coro una figura antagonista: l'attore. Fu così che nacque il dialogo e di conseguenza il teatro. Di lì a poco il teatro greco raggiunse il culmine del suo splendore con le opere di Eschilo (525-456), Sofocle (496-406) ed Euripide (480-406).

Ai tempi di Tespi, gli spettatori assistevano alle rappresentazioni teatrali seduti semplicemente sul pendio dell'Acropoli. Fu solo intorno al 490 a.C. che si cominciò a ricavare dalla roccia dei sedili o a sistemarvi delle panche di legno. Qui gli ateniesi assistevano alle cosiddette *Dionisie*, celebrazioni che duravano di norma sette giorni, tre dei quali erano dedicati al teatro. Generalmente si trattava di tre poeti che gareggiavano tra loro: ciascun autore era tenuto a rappresentare, nel corso di un'intera giornata, tre tragedie e un dramma satiresco (il genere precursore della commedia). Gli spettatori

Ai piedi dell'Acropoli sorge il famoso Teatro di Dioniso

non solo non pagavano per assistere alle rappresentazioni, ma talvolta erano addirittura ricompensati con un obolo per aver partecipato all'evento.

Fu poi nel 330 a.C. che le panche di legno furono sostituite con sedili in pietra e il teatro assunse la forma attuale. Nelle prime file furono sistemati dei seggi in marmo con schienali, riservati ai sacerdoti e alle altre autorità religiose. Il posto centrale della prima gradinata, un trono in marmo riccamente decorato che è ancora oggi possibile ammirare, era riservato al sacerdote di Dioniso. In età romana, l'imperatore Adriano si fece erigere dietro le prime file un posto d'onore che si è conservato fino ai giorni nostri.

Sotto l'imperatore Nerone, il teatro fu convertito in un'arena per lotte di gladiatori e spettacoli acquatici. In età tardo imperiale, davanti al proscenio furono collocati dei rilievi di età adrianea che raffiguravano alcune scene mitologiche: in particolare, la nascita di Dioniso (sulla sinistra), un sacrificio (al centro) e l'adorazione del dio (sulla destra). *Tutti i giorni mag-set 8-20, apr-ott 8-18, nov-marzo 8-15 | ingresso €6 (o con biglietto cumulativo → p117) | Odós Dionissíou Areopagítou | ! al tempio si può accedere anche dall'Acropoli.*

7 BIBLIOTECA DI ADRIANO (126 C3) (*H4*)

È stata una delle biblioteche più sfarzose dell'antichità. Inaugurata nel 132 d.C., in origine aveva un porticato di 100 colonne che circondavano un'ampia corte interna lunga 100 m e larga 80, in mezzo alla quale si trovava una fontana. A quell'epoca il tetto, che oggi non esiste più, era dorato. I libri erano custoditi nelle numerose nicchie dell'ampia sala principale che si estendeva per una ventina di metri nell'estremità orientale del complesso. C'erano inoltre due sale, ciascuna capace di ospitare fino a 100 persone, in cui si poteva assistere a conferenze o lezioni. L'edificio disponeva anche di stanze per simposi e banchetti letterari. *Tutti i giorni 8-15 | ingresso €4 (o con biglietto cumulativo → p117) | Odós Áreos*

8 ARCO DI ADRIANO (127 E5-6) (*J5*)

Gli imperatori sono sempre stati uomini ambiziosi e vanitosi. Adriano, benefattore di Atene che contribuì notevolmente all'espansione della città, non era da meno. Per indicare ai visitatori il punto in cui cominciava il nuovo quartiere che aveva fatto erigere, fece innalzare una maestosa porta alta 18 m. L'arco reca due iscrizioni: la prima, sul lato nordoccidentale, in direzione dell'Acropoli, annuncia: "Questa è Atene, l'antica città di Teseo". L'altra, posta sul lato sudorientale, riporta invece: "Questa è la città di Adriano, e non di Teseo". *Ingresso libero | Leofóros Amalías*

9 MUSEO EBRAICO (127 F4) (*J4*)

Fino al 1943, al momento cioè dell'occupazione tedesca, in Grecia vivevano ancora numerosi ebrei. Di questi, tuttavia, ne sopravvissero pochissimi. L'Olocausto è naturalmente uno dei temi più scottanti trattati in questo museo, anche se gran parte dello spazio espositivo di questo edificio di nove piani è dedicata ai circa 2300 anni di storia ebraica in Grecia. *Lun-ven 9-14.30, dom 10-14 | ingresso €6 | Odós Níkis 39 | www.jewishmuseum.gr*

10 MONUMENTO COREGICO DI LISICRATE (127 D5) (*J5*)

Nel teatro dedicato a Dioniso, in occasione delle Dionisie, le celebrazioni annuali in onore del dio, si tenevano delle competizioni teatrali. Al finanziamento del coro provvedeva puntualmente un ricco cittadino di Atene, che veniva chiamato "corego". Ed era proprio quest'ultimo, e non l'autore dei drammi, a ottenere il prestigioso premio messo in palio, vale a dire il tripode di bronzo. Un corego particolarmente importante fu Lisicrate, che ebbe un enorme successo nel 334 a.C. Come molti dei suoi predecessori (e come avrebbero continuato a fare in tanti dopo di lui), anche a Lisicrate piaceva esibire pubblicamente il trofeo vinto, tant'è che giunse addirittura a erigere un monumento per esporlo. L'antica strada che collegava l'Agorà al Teatro di Dioniso era fiancheggiata da numerosi monumenti simili a quello di Lisicrate, ma l'unico a esserci pervenuto resta quello del ricco sponsor ateniese, che nel Medioevo fu utilizzato dai frati cappuccini come biblioteca del loro convento. Attorno a questo edificio in marmo corre un fregio alto 25 cm che raffigura episodi del mito di Dioniso: il dio scherza con una pantera, mentre un gruppo di satiri (semidivinità dei boschi al suo seguito) puniscono dei pirati etruschi per aver tentato di catturare il loro dio. *Ingresso libero | Odós Lisikrátous*

11 CATTEDRALE METROPOLITANA DELL'ANNUNCIAZIONE E LA PICCOLA MITROPOLI

(127 D-E3) (*J4*)

La *Cattedrale ortodossa (aperta tutto il giorno)* è del XIX secolo. È un'opera maestosa, ma non particolarmente bella. Vale comunque la pena darvi un'occhiata. Accanto c'è una minuscola *chiesa episcopale (aperta prevalentemente la mattina)* risalente al XII secolo. Ai tempi della sua costruzione, in giro per la città giacevano sparsi infiniti resti di edifici antichi o paleocristiani. I blocchi di marmo, accuratamente lavorati secoli prima, potevano essere reimpiegati come materiale da costruzione risparmiando notevolmente: fu così che fregi e rilievi finirono per abbellire la nuova chiesetta. ! Fate un giro attorno all'edificio e vedrete raffigurate, ad esempio, delle danzatrici o un leone che ha appena catturato un capriolo. Sul frontone d'ingresso, inoltre, si può ammirare un fregio risalente al IV secolo a.C. in cui sono rappresentate delle feste pagane. *Odós Mitropóleos*

La Piccola Mitropoli con le sue basse volte è la più bella chiesa medievale di Atene

12 ODEON DI ERODE ATTICO (126 B-C5) (🗺 H5)

Gloria e splendore. Tutte le estati, in questo antico teatro all'aperto con quasi 2000 anni di storia, sono organizzati splendidi concerti, balletti, opere e spettacoli teatrali. Con le sue 32 file di gradoni in pietra, l'*Odeon* può ospitare fino a 5000 spettatori. Anche questo edificio, come tanti altri di Atene, è il dono di un personaggio molto potente. Il generoso mecenate in questione è Erode Attico, che fu precettore di futuri imperatori romani, retorici e politici. Egli fece edificare il teatro nel 161 d.C. in memoria della moglie Regilla, grazie al ritrovamento di un antico tesoro del padre che lo aveva reso ricco. D'estate l'Odeon ospita il Festival di Atene ed Epidauro. *Aperto solo in occasione di eventi o rappresentazioni | per informazioni sugli eventi in programma: www.greekfestival.gr | Odós Dionissíou Areopagítou*

13 AGORÀ ROMANA (126 C3-4) (🗺 H4)

Agli antichi greci piaceva fare shopping. Fu così che, nel I secolo a.C., provvidero ad ampliare l'antica zona del mercato greco, costruendo una nuova agorà, della quale è stata portata alla luce una metà soltanto. Il suo nucleo principale consisteva in un portico rettangolare lungo un centinaio di metri, che circondava un ampio spazio scoperto. All'estremità orientale del sito si erge la cosiddetta *Torre dei venti*, accessibile ai visitatori, che con i suoi 12 metri di altezza, rappresenta il simbolo della città. La sua facciata esterna è abbellita da otto rilievi che raffigurano le divinità dei venti e ospita una grande meridiana. Per misurare il tempo anche di notte o con il cielo nuvoloso, al suo interno era collocato un monumentale orologio ad acqua. All'estremità nordoccidentale della torre si incontrano le rovine di un'antica latrina che poteva ospitare fino a 70 persone. Nell'Agorà

Le scanalature precise e i capitelli corinzi del Tempio di Zeus Olimpio

romana sorge anche la cosiddetta *Moschea Fethiye*, un edificio ristrutturato di recente e molto ben conservato. *Tutti i giorni 8-15 | ingresso €6 (o con biglietto cumulativo → p117) | Odós Dioskoúri*

14 TEMPIO DI ZEUS OLIMPIO ★
(127 E-F6) (*J5*)

Le colonne più imponenti di Atene sono sicuramente quelle dell'*Olympieion,* il Tempio di Zeus Olimpio. Ne sono rimaste in piedi solo 15, mentre una sedicesima giace a terra perfettamente conservata. In origine, il più grande tempio dell'antica Grecia era composto da 104 colonne di marmo, alte 17 m, per un peso complessivo di 1500 tonnellate. Per erigerlo ci sono voluti più di 700 anni. I primi lavori di edificazione risalgono all'incirca al 550 a.C., quando il tiranno Pisistrato ordinò la costruzione di un tempio più piccolo (le cui fondamenta sono tuttora visibili osservando con attenzione), ma furono i suoi figli Ippia e Ipparco a modificare il progetto per erigerne uno più grande. Poi i lavori subirono una battuta d'arresto a causa della mancanza di fondi. E dopo parecchi tentativi di portare a termine l'opera, fu Adriano a riuscirci nel 131 d.C. L'imperatore romano fece sistemare nella cella del tempio una delle statue più grandi del mondo – una gigantesca scultura criselefantina di Zeus – accanto alla propria, altrettanto imponente. Il tempio fu però saccheggiato dai barbari nel III secolo d.C. e in seguito abbandonato. *Tutti i giorni apr-ott 8-20, nov-marzo 8-15 | ingresso €6 (o con biglietto cumulativo → p117) | Leofóros Amalías/Leofóros Vasilíssis Ólgas*

IL TRIANGOLO COMMERCIALE E IL CERAMICO

Ad Atene, la gente comune fa shopping nel cosiddetto "triangolo commerciale", ovvero nella zona che comprende piazza Syntagma, piazza Omónia e piazza Monastiráki.

Gli ateniesi generalmente passano la notte nell'antico quartiere di Psirrí. La zona più tranquilla si sviluppa invece intorno al Ceramico, l'antico cimitero di Atene. Nelle migliaia di piccole botteghe dell'*Emborikó Trígono*, il cosiddetto triangolo commerciale di Atene, è possibile acquistare tutto ciò che serve per la vita quotidiana. I negozi sono concentrati e ordinati per settore. Volendo concedersi una pausa, ci si può invece fermare in una delle numerose caffetterie della zona, con i tavolini sistemati nei vicoli pedonali.

Un luogo particolarmente affollato, soprattutto a metà mattina, è il mercato di *Odós Athínas,* una specie di mecca

DA VEDERE NEL TRIANGOLO COMMERCIALE E NEL CERAMICO

Zona pedonale

1 La Trilogia del sapere
2 Museo di storia nazionale
3 Chiesa di Panagia Kapnikaréa
4 Ceramico e Museo del Ceramico
5 Mercato coperto
6 Piazza Monastiráki
7 Piazza Omónia
8 Piazza Syntagma

per i venditori ambulanti. Dall'estremità occidentale di Odós Athínas si accede al quartiere di *Psirrí*, con numerosi negozietti e botteghe artigianali, che di sera si trasforma in uno dei quartieri più in voga di Atene. Qui troverete locali, bar e club. Spostandovi più a ovest, incontrerete il tranquillo quartiere del Ceramico. In questo antico cimitero, alcuni archeologi tedeschi hanno rinvenuto i resti di due antiche porte cittadine.

1 LA TRILOGIA DEL SAPERE

(130 A4) (*J3*)

Il più splendido e fotogenico complesso di edifici classici ad Atene viene chiamato "La Trilogia del sapere". Il trittico è composto dall'*Università* di Atene (risalente al 1842), posta al centro, e ai lati dagli edifici dell'*Accademia delle scienze* (1887) e della *Biblioteca nazionale* (1891). A progettarlo furono gli architetti danesi Christian e Theophil Hansen. Unica pecca: il trittico può essere ammirato solo dall'esterno. *Odós Panepistimíou*

2 MUSEO DI STORIA NAZIONALE

(127 E-F2) (*J4*)

L'*Ethnikó Istorikó Mousío* illustra la storia della nazione greca dal 1453, anno della caduta dell'Impero bizantino, fino alla seconda guerra mondiale. Questo edificio in stile neoclassico fu inaugurato nel 1858 e servì da sede parlamentare fino al 1934. Tra i reperti esposti al suo interno vale sicuramente la pena ammirare la collezione di costumi tradizionali, ma anche il gran numero di bandiere, stendardi, armi, polene ed effetti personali appartenuti ai diversi sovrani e combattenti per la libertà. *Mar-dom 8.30-14.30 | ingresso €3, gratuito la domenica | Odós Stadíou 13 | www.nhmuseum.gr*

3 CHIESA DI PANAGIA KAPNIKARÉA

(127 D2-3) (*J4*)

Questa chiesa con quasi 1000 anni di storia è senza dubbio il luogo ideale per concedersi una piccola pausa di riflessione nel quartiere dello shopping più in voga di Atene. È suggestiva, al suo interno, una serie di affreschi risalente al XIX secolo. *Aperta tutto il giorno | Odós Ermoú*

4 CERAMICO E MUSEO DEL CERAMICO ★ ●

(129 D5) (*G3-4*)

CARTINA NEL RISVOLTO DI COPERTINA

Il momento migliore per godersi una passeggiata all'interno dell'antico cimitero di Atene è sicuramente il primo pomeriggio. Lungo la strada che conduce all'Acropoli sono state rinvenute le due porte monumentali più importanti dell'antica Atene. Una è la *Porta Sacra,* che fungeva da accesso alla Via Sacra, lungo la quale ogni anno sfilava una processione di pellegrini diretta a Eleusi. L'altra è detta *Dípylon,* ossia la "doppia porta", che in occasione delle Panatenee era attraversata dal lungo corteo di persone dirette all'Acropoli. Tra le due porte sorgeva il cosiddetto *Pompeion,* dove si tenevano i preparativi della processione e i simposi dei notabili della città, che in altre circostanze fungeva da palestra destinata in particolare alla lotta e al pugilato.

Nell'antico cimitero sorge anche il moderno *Museo del Ceramico*, che espone un gran numero di monumenti e vasi

Suonatrice di doppio flauto su un'anfora nel Museo del Ceramico

funerari. Tra i ritrovamenti più affascinanti ci sono un *koúros*, ovvero una statua maschile risalente alla Grecia arcaica, una sfinge del VI secolo a.C., una scultura di leone del tardo VI secolo a.C. e un monumentale toro di pietra risalente alla seconda metà del IV secolo a.C. *Apr-ott tutti i giorni 8-20, nov-marzo mar-dom 8-15 | ingresso €8 (o con biglietto cumulativo → p117) | da Odós Ermoú*

5 MERCATO COPERTO ★ ●

(129 F4) (*H3*)

Da più di cento anni, nel mercato coperto di Atene la merce viene esposta

Al mercato centrale di Atene si può trovare il miglior pesce del Mediterraneo

in modo estremamente ordinato: vi troverete ad esempio capretti o agnelli interi, quarti di manzo o di maiale tutti appesi a un gancio, polli disposti in fila o lingue di agnello sistemate con estrema meticolosità.

Al mercato del pesce invece potrete trovare tutto ciò che di buono offrono gli oceani e l'industria ittica ellenica. All'ingresso dei vari padiglioni si possono acquistare sacchetti di plastica o biodegradabili, mentre attorno alla struttura troverete un gran numero di bancarelle che espongono noci, olive, miele, uova e formaggi, nonché vini e alcolici. Dall'altro lato di *Odós Athínas* si trova invece il mercato della frutta e degli ortaggi, mentre nei negozietti lì attorno si possono acquistare prodotti prevalentemente esotici, come i salsicciotti polacchi e lo stoccafisso islandese. L'atmosfera vivace e variopinta del mercato coperto di Atene si rinnova tutte le mattine, dal lunedì al sabato. Le taverne del mercato sono aperte 24 ore su 24 (ma sono chiuse la domenica) e offrono una vasta gamma di specialità, tra cui le famose zuppe calde. *Odós Athínas*

6 PIAZZA MONASTIRÁKI

(126 C2-3) (*H4*)

Questa animatissima piazza, che si trova sopra l'omonima stazione della metropolitana, rappresenta l'esatto contrario di piazza *Kolonáki*, il quartiere più chic di Atene. Piazza Monastiráki è la mecca dei venditori ambulanti, e la domenica mattina ospita anche il mercato delle pulci. Dentro la ● *stazione della metropolitana* si può ammirare un pezzo dell'antica città di Atene. Durante le opere di costruzione della linea, infatti, sono stati rinvenuti un canale in muratura, una serie di condotte e resti di antiche abitazioni.

7 PIAZZA OMÓNIA

(129 F3-4) (*H-J 2-3*)

Platía Omonoías, che tradotto significa "piazza della concordia", è sicuramente uno dei luoghi più animati di Atene. A qualsiasi ora del giorno e della notte potete trovarvi gruppi di persone impegnate in interminabili discussioni. Anche sottoterra c'è sempre movimento da queste parti: quella di Omónia, infatti, è la stazione della metropolitana più trafficata della città.

8 PIAZZA SYNTAGMA

(130 A-B 5-6) *(J-K4)*

Platía Sintágmatos, ovvero "piazza della costituzione", è la piazza più rappresentativa della capitale. Si tratta di un grande quadrilatero dotato di panchine e aree verdi, immerso nel traffico cittadino. Lo sviluppo perimetrale della piazza è moderno: le uniche costruzioni del XIX secolo sono gli hotel *King George II* e *Grande Bretagne,* nonché l'ex palazzo reale posto all'estremità superiore della piazza. Quest'ultimo edificio risale agli anni 1834-38 e oggi funge da sede del Parlamento e del presidente greco. Davanti si possono ammirare, nelle loro uniformi tradizionali, i cosiddetti euzoni, ossia le guardie d'onore del Palazzo presidenziale che custodiscono la Tomba del Milite Ignoto. La prassi prevede che muovano due passi verso il monumento allo scoccare di ogni ora. Uno spettacolare cambio della guardia si tiene ogni domenica alle 11. Anche qui c'è molto da vedere sottoterra: nella sfarzosa *stazione della metropolitana* sono esposti numerosi ! reperti antichi rinvenuti durante la costruzione della linea.

TRA IL LICABETTO E LO STADIO

I quartieri più esclusivi del centro storico si estendono tra la cima aguzza della collina del Licabetto, alta 277 m, e l'avvallamento dello Stadio Panatenaico.

La zona ospita la sede del presidente del consiglio, nonché gli uffici di numerosi ministeri e ambasciate. I polmoni della città sono il Giardino Nazionale, lo *Zappeion* e il Licabetto. *Leofóros Vasilíssis Sofías* può essere considerata la "via dei musei" della capitale greca, con una moderna sala concerti come ciliegina sulla torta. All'estremità sudoccidentale del Licabetto inizia il *quartiere di Kolonáki* che malgrado il traffico intenso e gli stretti marciapiedi continua a essere la zona dello shopping più mondana di Atene. Confina a nord con il quartiere di Exarchía, dove risiede la maggior parte degli studenti ateniesi, e che occasionalmente diventa teatro di manifestazioni politiche.

DIVERTIMENTO E RELAX

Se si desidera nuotare, si può andare in piscina o al mare. Gli ateniesi hanno invece una terza alternativa: il *Lago di Vouliagméni* **(139 E4)** ***(O)***. Le sue acque termali mantengono per tutto l'anno una temperatura costante di 22°C. In un suggestivo scenario roccioso con tanto di grotte, al *Beach Café* sarete serviti direttamente alla vostra sdraio. Oppure potete prenotare una seduta di massaggi. *Mag-ott tutti i giorni dalle 7 al tramonto | ingresso €9, sab-dom €10 | www.limnivouliagmenis.gr | autobus 122 dalla stazione metro L2: Ellinikó*

1 MUSEO BENAKI (130 B5) (*🕮 K4*)
Nel museo privato più importante della Grecia sono raccolti reperti con diversi millenni di storia, ma la sua collezione custodisce anche opere d'arte moderna. Tra gli oggetti antichi conservati spiccano in particolare due vasi d'oro di circa 5000 anni e un ritratto funerario di un ragazzo, molto realistico, risalente al III secolo a.C. e di provenienza egizia. In una sala sono esposte due tele del famoso pittore cretese El Greco (1541-1614).
I reperti più interessanti di questo museo sono tuttavia quelli che riguardano il folclore: vi sono esposti infatti splendidi ricami e tessuti, oggetti che oggi hanno un valore inestimabile. Degni di nota sono inoltre i costumi tradizionali provenienti da tutta la Grecia, nonché cassapanche, ceramiche e opere di abili intagliatori del legno. Gli oggetti più belli della collezione sono tuttavia un **! pendaglio** d'oro a forma di un trealberi a vele spiegate con smalti e autentiche perle incastonate, proveniente dall'isola di Patmo, e degli orecchini d'oro molto simili, originari dell'isola di Sifnos. Tutte queste opere risalgono al XVII secolo. *Mer e ven 9-17, gio e sab 9-24, dom 9-15 | ingresso €9, giovedì gratuito | Leofóros Vasilíssis Sofías/Odós Koumbári | www.benaki.gr*

Veduta dall'Aeropago sul Licabetto, il colle che domina la città di Atene

2 MUSEO BIZANTINO E CRISTIANO DI ATENE (130 C5-6) (*🕮 L4*)
In questo modernissimo museo potrete ammirare il "Gesù bambino solo nella stalla" su un rilievo marmoreo proveniente dall'isola di Naxos e risalente a circa 1500 anni fa, e l'icona di san Cristoforo cinocefalo. La leggenda narra che il santo fosse così bello da essere bramato da tutte le donne. Siccome lui però aveva fatto voto di castità, per resistere alla tentazione chiese conforto a Dio. Ed ecco che la sua testa si tramutò in quella di un cane. *Mar-dom 8-20, lun 12-20 | ingresso €8 (o con biglietto cumulativo* *→ p117**) | Leofóros Vasilíssis Sofías 22 | www.byzantinemuseum.gr*

3 MUSEO DELLA GUERRA
(130 C5-6) (*🕮 L4*)
In questo museo, più che le armi, gli aerei o le uniformi, veramente interessanti sono le numerose foto che testimoniano le sofferenze indicibili provate dai soldati. Particolarmente impressionanti sono quelle che svelano le atrocità commesse dai tedeschi durante la seconda guerra mondiale. *Lun 11-16, mar-sab 9-19, dom 11-17 | ingresso €4, nov-marzo prima domenica del mese gratuito | Odós Rizári 2/Leofóros Vasilíssis Sofías | www.war museum.gr*

TRA IL LICABETTO E LO STADIO

Zona pedonale

- **1** Museo Benáki
- **2** Museo Bizantino e Cristiano di Atene
- **3** Museo della Guerra
- **4** Licabetto
- **5** Museo di Arte Cicladica
- **6** Giardino Nazionale
- **7** Stadio Panatenaico
- **8** Palazzo presidenziale

4 LICABETTO ★

(130-131 C-D 3-4) (*K-L3*)

Questa collina di natura calcarea alta 277 m offre una vista su Atene ancora più bella di quella dall'Acropoli. Il Licabetto, con la sua nuda cima rocciosa e un parco verde ad anello in basso, svetta sul mare di case della città. Per raggiungere la sommità del colle, si possono percorrere degli splendidi sentieri o servirsi della funivia. In cima al Licabetto c'è una piccola cappella dedicata a San Giorgio, riaffrescata in stile bizantino tradizionale nel 1990. Da qui, nelle giornate serene, potrete ammirare non solo le alture che circondano Atene, ma persino l'isola di Egina e le vette del Peloponneso. Il Licabetto offre un panorama indimenticabile anche al tramonto. *La funivia è accessibile tutti i giorni dalle 9 alle 2.30 | corsa semplice €5, andata e ritorno €7 | la stazione a*

Lo Stadio Panatenaico fu la sede dei primi Giochi Olimpici moderni

valle si trova all'estremità superiore di Odós Plutárchou | autobus 60 da piazza Kolonáki a "4H Lykavittós"

5 MUSEO DI ARTE CICLADICA ★
(130 C5) (*K4*)

Benché sembrino uscite dall'atelier di Henry Moore, o di qualche altro scultore moderno, le opere esposte in questo museo hanno alle spalle dai 4000 ai 5200 anni di storia! Sono i cosiddetti "idoli" cicladici, ovvero le statuette in marmo (estremamente stilizzate e con colli a forma fallica) che hanno ispirato molti artisti del XX secolo, come Picasso e Modigliani, per la loro semplicità e la purezza delle forme. Nel museo ne sono esposte circa 230.

In origine, queste statuette rappresentavano la Grande Dea Madre, la creatrice di ogni forma vivente. Successivamente, iniziarono a essere raffigurati i suonatori che facevano parte del seguito della dea, mentre verso la metà del III secolo a.C. fecero la loro comparsa le prime statuette di guerrieri. Grazie al loro aspetto intramontabile, gli idoli si adattano perfettamente al design moderno. Al ! negozio del museo li troverete impressi su tessuti, fogli di carta e gioielli. *Lun, mer, ven, sab 10-17, gio 10-20, dom 11-17 | ingresso €7 | Odós Neofítou Doúka 4 | www.cycladic.gr*

6 GIARDINO NAZIONALE ★
(130 A-B 5-6) (*J-K 4-5*)

Nel bel mezzo del trambusto metropolitano sorge una vera e propria oasi di pace: l'*Ethnikós Kípos*, ossia il Giardino Nazionale. Qui, all'ombra di una maestosa palma, potrete assistere comodamente allo svolgersi della vita quotidiana ateniese o, se ne avete voglia, fermarvi a fare un bel picnic. Nel parco c'è un laghetto dove è possibile acquistare le deliziose ciambelle di pane al sesamo. C'è anche un parco giochi per bambini e la graziosa ! caffetteria *O Kípos*. *Tutti i giorni dall'alba al tramonto | ingresso libero | Leofóros Amalías nei pressi di piazza Syntagma*

7 STADIO PANATENAICO
(134 B-C2) *(🕮 K5)*

Nell'antica Atene, ogni quattro anni e in piena estate, venivano celebrate le Panatenee, famose feste in onore di Atena, che prevedevano anche delle competizioni sportive che si tenevano nello Stadio Panatenaico, in un naturale avvallamento tra due colline. In origine si era provveduto a spianare solo la superficie destinata alle gare, mentre gli spettatori assistevano alle competizioni sui terrapieni posti ai lati del campo. Solo nel 140 d.C. l'alto funzionario Erode Attico vi fece costruire delle gradinate in marmo. In epoca romana, nello Stadio Panatenaico non si tenevano solo le gare sportive, ma anche le lotte dei gladiatori. Una leggenda narra che una volta l'imperatore Adriano vi fece liberare contemporaneamente circa un migliaio di belve. Quando Atene fu scelta come sede dei primi Giochi Olimpici di epoca moderna, un ricco mecenate finanziò i lavori di restauro dell'antico stadio. L'opera si rivelò più lunga e problematica del previsto, dato che per tutto il Medioevo il sito era stato sfruttato per l'estrazione della pietra. I lavori tuttavia furono completati nell'estate del 1896, giusto in tempo per l'inaugurazione delle Olimpiadi moderne. Lo stadio fu dotato di 44 gradinate riuscendo a ospitare circa 70.000 spettatori. In occasione dei Giochi Olimpici del 2004, lo Stadio Panatenaico ha ospitato le gare di tiro con l'arco ed è servito da traguardo per la maratona. *Apr-ott tutti i giorni 8-19, nov-marzo mar-dom 8-17 | ingresso €3 | Platía Stadiou*

8 PALAZZO PRESIDENZIALE
(130 B6) *(🕮 K4)*

Villa Máximos fu costruita nel 1924 in onore dell'allora direttore della banca nazionale e futuro premier greco Dimítrios Máximos. Oggi è la sede ufficiale del governo ellenico e del presidente della repubblica greca. Il piccolo giardino del palazzo è aperto al pubblico generalmente la domenica pomeriggio. *Odós Iródou Áttikou*

IL PIREO

Il porto di Atene è famoso in tutto il mondo. Per gli amanti delle grosse imbarcazioni o degli yacht di lusso è una meta da non perdere.

Appena usciti dalla metropolitana, vedrete subito delle grandi barche cullate dalle onde. Stranamente però non troverete traccia di marinai. Dovete semplicemente attraversare il ponte pedonale che si trova davanti alla fermata e, dopo un centinaio di metri, svoltare a sinistra per giungere in piazza Karaiskáki. Qui potrete

LOW BUDG€T

Il luogo ideale per godersi un'ora di tranquillità mentre si ammira il mare di luci di Atene è senza dubbio la ● *collina dell'Aeropago* **(126 B4) *(🕮 H4)***. Qui potrete consumare il vostro pranzo al sacco o stappare una bottiglia di delizioso vino greco acquistato in uno dei tanti supermercati della città.

Tour cittadini a prezzi economici: a bordo dell'autobus di linea 904 potrete amminare dall'alto il *Pireo* e i suoi porticcioli. L'autobus parte ogni 20 minuti, dalle 5 del mattino alle 23, dal lato est della stazione metropolitana. Sedetevi sul lato destro della vettura da cui potrete godere della vista migliore.

prendere l'autobus 904 e fare un giro del Pireo a prezzi estremamente convenienti. Con il biglietto giornaliero avrete la possibilità di scendere e risalire più volte. Se scegliete di tornare al punto di partenza, ossia a piazza Karaiskáki, potrete trascorrere il tempo passeggiando accanto ai grandi traghetti ormeggiati, finché non deciderete di tornare ad Atene.

1 MUSEO ARCHEOLOGICO
(136 C4) *(🗺 0)*

In questo importantissimo museo è conservata una statua in bronzo di 2600 anni raffigurante un giovane nudo. Nonostante il tempo trascorso, si è conservata alla perfezione perché è rimasta sui fondali marini per più di 2000 anni, sfuggendo così ai forni medievali. Visto che siete lì, date un'occhiata anche a un monumento funerario risalente al 330 a.C. che assomiglia particolarmente al coevo Mausoleo di Alicarnasso, che un tempo sorgeva nell'odierna città turca di Bodrum ed era considerato una delle sette meraviglie del mondo. *Mar-dom 8-15 | ingresso €4 | Odós Chariláou Trikoúpi 31 | metro L1 fino al capolinea Pireo, poi autobus 904 fino a Filéllinon*

2 PORTO DI KANTHARÓS
(136 A-C 2-4) *(🗺 0)*

Nel più grande porto per navi passeggeri d'Europa, giganteschi traghetti e veloci catamarani fanno la spola ogni giorno tra più di 70 isole greche, e di fronte ai tre terminal sono sempre attraccati numerosi vaporetti. Se decidete di camminare sul molo lungo 3 km, potrete ammirare da vicino gran parte delle imbarcazioni presenti. ● Chi non ama le lunghe passeggiate, può servirsi degli autobus che trasportano gratuitamente i passeggeri all'interno dell'area portuale. Purtroppo non sono previsti tour guidati, in alternativa però potreste fare un'escursione sull'isola di *Egina (→ p60)*: il miglior modo per godere appieno della bellezza di questo porto è dal mare, passando accanto alle navi da carico ancorate in rada. *Metro L1 fino al capolinea Pireo*

3 PORTO MIKROLÍMANO ●
(137 F4) *(🗺 0)*

La baia più bella del Pireo, che fino al 1974 era chiamata anche Turkolimano, ovvero "Porto dei turchi", è piena di pescherecci e piccoli yacht. Sul molo, accanto alla lunga schiera di bar e taverne, troverete anche i migliori ristoranti a base di pesce della città. Per non parlare delle discoteche dove impazza la vita notturna ateniese. *Metro L1 fino al capolinea Pireo, poi filobus 20 in direzione Néo Faliró*

4 MUSEO NAVALE (137 D5) *(🗺 0)*

Con i suoi splendidi modelli navali, questo piccolo museo situato nel porto di Zea offre un'interessante panoramica sulla storia della navigazione greca dall'antichità ai giorni nostri. Un plastico, in particolare, riproduce una nave risalente alla battaglia di Salamina, durante la quale i greci riuscirono ad annientare la potente flotta persiana con imbarcazioni molto più piccole, ma estremamente maneggevoli: una lezione di storia antica! Nell'atrio è inoltre esposta la torre di comando di un sottomarino greco della seconda guerra mondiale. *Mar-sab 9-14 | Aktí Themistokléous | Zéa Marína Piräus | autobus 904 fino alla fermata Naftiko Mouseio*

5 ! BAIA DI SKAFÁKI (136 B6) *(🗺 0)*

In questa cala lontana dai soliti percorsi turistici, si possono ammirare i resti di un'antica cinta muraria risalente al IV secolo a.C., insieme alle sue torri ben conservate. La sera un meraviglioso spettacolo di luci anima la baia, che è anche la meta balneare preferita degli ateniesi.

Porto Mikrolímano: due antichi ed eleganti yacht fanno da cornice alla vista sul Pireo

Aktí Themistokléous | metro L1 fino al capolinea Pireo, poi autobus 904 fino alla fermata Skafáki

6 PORTO DI ZEA (137 D4-5) (*🕮 O*)
Lasciatevi affascinare dal lusso delle imbarcazioni ormeggiate nel secondo porto più grande del Pireo, caratteristico per la sua forma circolare. Nell'antica Grecia era il più grande porto militare di Atene. *Metro L1 fino al capolinea Pireo, poi filobus 20 in direzione Néo Faliró oppure autobus 904 fino alla fermata Pása Limáni*

ALTRI QUARTIERI

Ad Atene, oltre alle tipiche attrazioni turistiche e agli importanti musei che hanno sede nel cuore della città, esistono molti altri luoghi interessanti.
Il Museo Archeologico Nazionale, situato nel quartiere del Politecnico, si può raggiungere comodamente a piedi da piazza Omónia. Partendo dal centro, potete anche prendere l'autobus o il tram. Se siete amanti dell'arte bizantina, o se volete semplicemente allontanarvi dal trambusto della città per immergervi nella natura, vi consigliamo di visitare il Monastero di Kaisariani sulle pendici del monte Imetto. Gli amanti del mare e della navigazione, invece, possono visitare la nave-museo nella baia di Faliro e da qui partire per una minicrociera (→ p60) intorno alle piccole isole del *Golfo Saronico*. Il centro culturale Hellenic Cosmos, che sorge in un ex quartiere industriale tra Atene e il Pireo, può piacere sia agli adulti che ai bambini.

MUSEO ARCHEOLOGICO NAZIONALE
★ (130 A2) (*🕮 J2*)
Per apprezzare al meglio questo museo, vi consigliamo di osservare come l'uomo ha imparato a rappresentare se stesso. Recatevi innanzitutto nella Sala degli ori micenei, davanti all'ingresso prin-

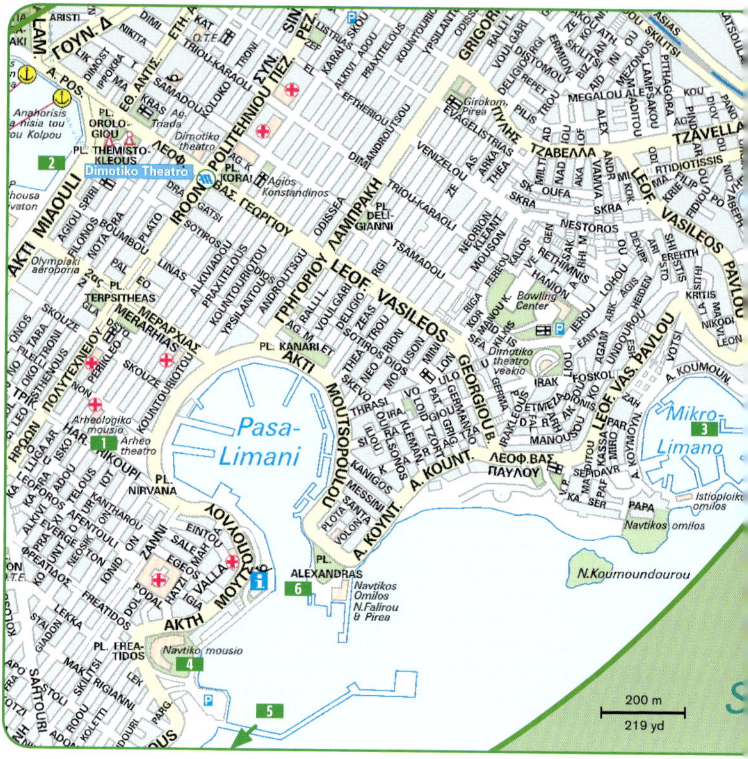

DA VEDERE AL PIREO

1 Museo Archeologico
2 Porto di Kantharós
3 Porto Mikrolímano
4 Museo Navale
5 Baia di Skafáki
6 Porto di Zea

cipale. Qui sarete subito attratti dalla vetrina che espone i reperti rinvenuti dal celebre archeologo tedesco Heinrich Schliemann. La maschera funeraria in oro, che egli attribuì al leggendario re Agamennone, risale al 1580 a.C., ovvero alle origini della civiltà micenea.
Sulla destra si apre la Sala della civiltà cicladica, in cui sono esposte opere d'arte che nonostante i loro 4000-5000 anni di storia hanno fogge incredibilmente moderne. Tra gli idoli esposti, vi segnaliamo in particolare il Suonatore d'arpa e il Suonatore di flauto. Tornando quindi nell'area della biglietteria, potete visitare il museo proseguendo in senso orario. Nella prima sala vi sono esposte opere risalenti alla cosiddetta "Epoca geometrica" (1100-700 a.C.), in cui i motivi geometrici hanno una funzione prevalentemente decorativa e sia gli esseri umani che gli animali sono rappresentati con tecniche lineari. Si accede quindi alla Sala VIII, dove spiccano due affascinanti *kouroi* alti tre metri provenienti da Capo Sunio, che

risalgono all'Età arcaica (700-480 a.C.), epoca caratterizzata da influssi orientali, nonché da una predilezione per i temi mitologici e da un'estrema stilizzazione. A ben vedere, le statue dei due giovani nudi (che risalgono al 600 a.C. circa) appaiono ancora troppo immobili e poco espressive.

Nel corso di pochi decenni, le sculture arcaiche vennero realizzate con linee sempre meno rigide, i tratti del viso dei personaggi raffigurati cominciarono ad apparire più morbidi, mentre per rendere i soggetti più espressivi vennero applicati una serie di espedienti: il sorriso trattenuto, un piede portato in avanti o anche una lieve tensione degli arti.

Nella Sala XVI ci si immerge nel mondo dell'arte classica (480-330 a.C.). Una splendida espressione di questo periodo è rappresentata senza dubbio da un rilievo votivo, realizzato a Eleusi intorno al 440 a.C., dove sono raffigurate la dea Demetra, nell'atto di consegnare a Trittolemo una spiga di grano, e sua figlia Persefone. Un altro paio di importanti esempi di arte classica greca sono la gigantesca statua in bronzo di Poseidone, risalente al 460 a.C. circa, che raffigura il dio del mare intento a scagliare il suo tridente, e la stele funeraria attica di Egeso, esposta nella Sala XVIII, che invece risale alla fine del V secolo a.C. Nel complesso, le opere classiche qui esposte tendono a sottolineare la fisicità di uomini e divinità, la forza espressiva e l'aspirazione alla bellezza e alla virtù, mentre la natura viene forse un po' troppo mitizzata.

Questa idealizzazione manca invece alle opere appartenenti all'Età ellenistica (330-146 a.C.) e a quelle di Epoca romana (146 a.C.-395 d.C.). Un chiaro esempio di questo cambio di rotta stilistico è rappresentato dalla scultura del *Fanciullo fantino*, esposta nella Sala XXI, che risale al II secolo a.C. Qui le linee, tutt'altro che armoniose, presentano distorsioni quasi barocche. Questa tendenza appare ancora più marcata nel gruppo marmoreo che raffigura, la dea dell'amore Afrodite, il dio pastore Pan ed Eros. Ispirato da quest'ultimo, Pan, dalle corna caprine, è rappresentato mentre stuzzica la dea,

Il *Fanciullo fantino* conservato nel Museo Archeologico Nazionale

che scherzosamente lo minaccia con i suoi sandali. *Apr-ott lun 13-20, mar-dom 8-20, nov-marzo si consulti il sito web del museo | ingresso €10 (o con biglietto cumulativo → p117) | Odós Patissíon 44 | www.namuseum.gr | autobus da piazza*

Un tranquillo vicolo nel quartiere della Pláka

Omónia e piazza Sýntagma fino alla fermata Polytechnío o Égyptou

EMST – MUSEO NAZIONALE DI ARTE CONTEMPORANEA (133 E3) (*🕮 H6*)
Nel 1864, un bavarese di nome Johann Fuchs fondò la prima fabbrica di birra della Grecia. Ai greci riusciva difficile pronunciare il suo cognome, tant'è che si decise di chiamare la birra "Fix". La produzione cessò nel 1982 e l'enorme edificio costruito nel 1961 nel cuore di Atene venne abbandonato fino al 2011, quando fu riconvertito in museo d'arte. Agli inizi del 2017, in occasione di Documenta 14, che per la prima volta nella sua storia ha esteso i propri spazi espositivi da Kassel ad Atene, il nuovo museo è stato colmato di opere, ma non del tutto. Attualmente l'edificio è sfruttato solo in parte per le mostre temporanee e per la presentazione della sua collezione permanente. *Tutti i giorni 11-19 | il prezzo del biglietto varia a seconda delle mostre organizzate | Leofóros Kalliróis/Odós Frantzi | www.emst.gr | metro L2: Syngroú-Fix*

! HELLENIC COSMOS ●
(139 E3) (*🕮 C-D6*)
Al centro culturale Hellenic Cosmos, dal venerdì alla domenica, potrete vivere l'insolita esperienza di raggiungere in taxi un posto lontano per la modica cifra di 5 euro. In questo futuristico *Virtual Reality Theatre*, grazie alla "magia" della realtà virtuale, attraverserete in volo come una colomba l'Agia Sofia di Istanbul e apprenderete tantissime cose a proposito di architettura e storia delle costruzioni. Sempre con l'ausilio della tecnologia, potrete inoltre ritrovarvi catapultati indietro nel tempo a passeggiare nell'antica Agorà di Atene o a partecipare in prima persona a uno dei famosi processi di ostracismo. E anche se tutti gli eventi sono presentati in lingua greca (in inglese solo su richiesta), potrete comunque dire di aver vissuto un'esperienza più unica che rara. Il calendario degli spettacoli è consultabile sul sito: *www.tholos254.gr*
Il grande complesso ospita anche un'ex fabbrica riconvertita, dove si tengono un gran numero di mostre temporanee, e un *teatro (www.theatron254.gr)* in cui si può assistere a musical sull'antichità greca. *Giu-set mar-ven, dom 10-15; ott-*

mag mar-gio 9-13.30, ven 9-20, sab 11-16, dom 10-18 | ingresso a partire da €14 | Odós Piréos 254 | www.hellenic-cosmos.gr | autobus 049 e 914 da piazza Omónia fino alla fermata Skolí Kalón Technón

MONASTERO DI KAISARIANI

(139 E3) (*🗺 0*)

Desiderate prendervi una pausa dal trambusto cittadino? Ad Atene è possibile farlo senza doversi per forza allontanare dalla città. Nel fitto della vegetazione lungo le pendici del monte Imetto (1025 m), infatti, c'è un antico monastero abbandonato in cui potrete ammirare una chiesa e quelle che furono le celle dei monaci in perfetto stato di conservazione. Il cortile è abbellito da cipressi, vasi e aiuole, e abitato da uccellini e gatti che si aggirano tra i resti degli edifici antichi e di epoca cristiana. Il monastero fu costruito nell'XI secolo, a cui risalgono anche il complesso termale e la chiesa. Gli affreschi sono invece dei primi del XVIII secolo, mentre quelli del porticato esterno, il cosiddetto "nartece", furono realizzati nel 1682. *Mar-dom 8-15 | ingresso €2 | autobus 224 dal Museo Bizantino in via Leofóros Vasilíssis Sofías fino al capolinea, poi circa 30 minuti a piedi*

CENTRO CULTURALE STAVROS NIÁRCHOS ★

(139 E3) (*🗺 0*)

Con 600 milioni di euro si possono comprare un bel po' di cose. Oppure fare del bene alla propria città, seguendo l'esempio dell'armatore greco, Stávros Niárchos, deceduto nel 1996. La fondazione da lui creata ha acquistato il vecchio ippodromo di Atene per poi convertirlo in un enorme parco di 210 ettari. All'architetto italiano Renzo Piano è stato affidato il compito di progettare quelli che sono considerati due capolavori di architettura moderna: il *Teatro nazionale dell'Opera (www.nationalopera.gr)* e la nuova *Biblioteca nazionale*, edifici inaugurati nel 2016. Non solo è possibile visitarli, ma al Teatro dell'Opera si può persino salire sulla terrazza, dove la vista sull'Egeo, su Atene e sul Pireo è semplicemente strabiliante. Al complesso appartengono anche due moderni ristoranti che offrono un ottimo

IN PERFETTA FORMA!

Ad Atene, gli amanti del jogging si incontrano puntualmente sul colle di Ardittós intorno allo Stadio Panatenaico. Chi preferisce il tai-chi si incammina lungo il versante nordorientale del Licabetto servendosi di un sentiero pedonale che parte da Odós Paligenesías, all'incrocio con Odós Daskalogiánnis. Chi intende invece esplorare il centro di Atene in bicicletta, sceglie di solito il tour *Athens by bike (tel 213 04 20 724 | www.athensbybike.gr)* che prevede un percorso lungo 9 km. Questo giro guidato in bicicletta, che va necessariamente prenotato in anticipo, parte ogni mattina nei pressi del Museo dell'Acropoli, dov'è possibile anche noleggiarla. Dopo tutto questo movimento, il posto ideale per una pausa benessere è sicuramente l'elegante *Polis Hammam (lun-ven 12-23, sab-dom 11-23 | Odós Avlíton 6-8 | Psirrí | tel 210 32 12 020 | www.polis-hammam.gr)*. Per i massaggi è necessario prenotare in anticipo. Ricordatevi di portare con voi il costume da bagno.

rapporto qualità-prezzo. Il calendario degli eventi è estremamente variegato, anche se destinato perlopiù ai residenti. Si va dai corsi di yoga e di giardinaggio fino alle lezioni di canoa su un corso d'acqua lungo 800 m appositamente creato. Durante l'inverno è allestita una grande arena per il pattinaggio sul ghiaccio. *Visite guidate tutti i giorni 9-21 | tel 216 80 91 004 | Leofóros Syngroú 364 | www.snfcc.org | navetta gratuita da piazza Syntagma e dall'EMST*

! NAVE-MUSEO NELLA BAIA DI FALIRO

(139 E3) (*🗺 O*)

In questo museo potrete visitare l'incrociatore "Georgios Averof" risalente alla prima guerra mondiale. Ciò che colpisce è soprattutto la notevole differenza tra le minuscole cabine destinate all'equipaggio e la sala di lusso dell'ammiraglio. Accanto a questa nave troverete inoltre la riproduzione di un'antica trireme risalente al V secolo a.C., nonché un cacciatorpediniere del 1942 e un vecchio traghetto del primo dopoguerra. *Mar-ven 9-14, sab-dom 10-17 | ingresso €3 | www.averof.mil.gr | tram in direzione Néo Faliró fino alla fermata Trocadero*

NEI DINTORNI

Chi dovesse fermarsi ad Atene per più di due o tre giorni dovrebbe programmare una gita nei dintorni della città.

Per ottimizzare i tempi, si può combinare la visita al monastero di Daphni con quella agli antichi scavi di Eleusi. Esistono due modi per godere appieno della bellezza del Golfo Saronico: il primo è mettersi in viaggio in autobus lungo la costa fino a Capo Sunio, il promontorio più estremo dell'Attica; l'altro è salire a bordo di un traghetto o di una nave da crociera diretta alle isole del golfo.

MONASTERO DI DAPHNI

(139 E3) (*🗺 O*)

"Con Gesù all'inferno!": nell'antica chiesa del monastero di Daphni, che ha circa 900 anni di storia, questa esclamazione non è un'eresia, ma un vero e proprio credo: secondo la dottrina ortodossa, infatti, il figlio di Dio scese all'inferno subito dopo la resurrezione. Lo scopo di questo viaggio è descritto in un mosaico conservato all'interno del monastero. Avvolto in una veste d'oro e con un crocifisso nella mano destra, Cristo ha appena fatto crollare il portale che immette nell'Ade. I battenti delle porte giacciono incrociati al suolo; chiavi, serrature e ferramenta sono stati divelti a dimostrazione della forza di Gesù. Sotto i suoi piedi, che recano ancora freschi i segni della crocifissione, giace riverso il signore dell'aldilà, Ade. Con la mano sinistra Cristo aiuta Adamo, che rappresenta il genere umano, a uscire da un sarcofago. Ade, nonostante si trovi schiacciato sotto il peso di Gesù, continua a opporre resistenza reggendosi al piede e alla veste di Adamo, alle cui spalle si trovano Eva e alcuni re dell'Antico Testamento che attendono con ansia di essere redenti. Dall'altro lato assiste alla scena san Giovanni Battista in compagnia di altri giusti. Il messaggio del mosaico è inequivocabile: con la morte corporale sulla croce e i suoi poteri divini, Cristo è riuscito a sconfiggere la morte.

Il mosaico che rappresenta la discesa agli inferi di Gesù Cristo apparteneva a un gruppo di 76 sfarzose opere su sfondo d'oro considerate tra i capolavori dell'arte bizantina e annoverate tra i patrimoni mondiali dell'umanità. Molti di questi mosaici si sono conservati molto bene nel corso dei secoli, fino al 1999, quando un terremoto li ha seriamente danneggiati. È da più di 15 anni ormai che sono in fase di restauro. Di conseguenza,

La cappella della chiesa nel monastero di Daphni fa intuire l'antico splendore

purtroppo, gli orari d'apertura al pubblico sono molto limitati. *Apr-ott, mar e ven 9-14, nov-marzo 8-15 | ingresso libero | a 11 km a ovest di Atene | autobus A16 da Platía Eleftherías/Platía Koumoundoúrou* (129 E4) *(🕮 H3)*

ELEUSI (139 D-E3) *(🕮 0)*

Si fa fatica a credere che una città industriale come Eleusi *(Elefsina)* sia stata designata capitale europea della cultura per il 2021. Con i suoi 20.000 abitanti, è una città profondamente segnata dall'inquinamento, dalla crisi economica e dalla disoccupazione. L'unico punto forte è la vista sulle numerose navi cisterna e da carico ormai in disuso nel piccolo stretto che separa Eleusi dall'isola di Salamina. Nel bel mezzo di questo scenario inquietante, tuttavia, gli archeologi hanno rinvenuto una delle sedi più importanti per i culti misterici dell'antichità.

Cosa fossero questi "misteri" non è dato saperlo con esattezza, anche perché a coloro che vi partecipavano era assolutamente vietato parlarne, pena la morte. Stando a quanto si tramanda, i rituali misterici si debbano a Demetra, la dea della fertilità. Ade, il dio dell'aldilà, aveva rapito sua figlia Persefone, e Demetra si era messa alla sua ricerca. Giunta a Eleusi, la dea era stata accolta benevolmente dai suoi cittadini e, in cambio dell'ospitalità, aveva donato una spiga di grano al principe eleusino Trittolemo, rivelandogli i segreti dell'agricoltura. Per poter vedere la figlia, Demetra riuscì a stringere un patto con Zeus, il padre degli dèi, che concesse a Persefone di trascorrere sei mesi all'anno sulla terra, dall'inizio dell'autunno alla fine della primavera, periodo che in Grecia corrisponde alla coltivazione dei cereali.

Eleusi divenne quindi teatro di due importanti celebrazioni misteriche, che si tenevano appunto all'inizio dell'autunno e alla fine della primavera, legate al mito di Demetra. Si suppone che i partecipanti, i cosiddetti iniziati, sentissero nel profondo questo legame con il ciclo della morte e del ritorno alla vita. Dei numerosi edifici destinati ai misteri eleusini, tuttavia, non sono rimaste che le fondamenta. Ne è una chiara dimostrazione il *Telesterion*, un edificio monumentale che un tempo poteva vantare ben 42 colonne, ma di cui oggi si può ammirare solo la pianta quadrangolare. *Mag-ott tutti i giorni 8-20, nov-apr mar-dom 8-15 | ingresso €6 | 21 km a ovest di Atene | autobus A16 a partire da Platía Eleftherías* (129 E4) *(🕮 H3)*

CAPO SUNIO ★ (139 F5) *(🕮 0)*

Partire alla volta di Capo Sunio permette di ammirare il Golfo Saronico punteggiato dai numerosi stabilimenti balneari lungo la costa. All'estremità della penisola attica si trova il *Tempio di Poseidone*, uno dei più belli della Grecia dal punto di vista paesaggistico, soprattutto per la sua posizione a 60 m d'altezza sul mare Egeo. Nell'antichità, il tempio rappresentava l'ultimo segno della patria per le navi in uscita, mentre per quelle in arrivo costituiva la prima accoglienza. Il tempio, sorto intorno al 445 a.C., quindi nello stesso periodo del Partenone, era dedicato a Poseidone, il dio del mare, a cui i marinai di passaggio offrivano sacrifici propiziatori e offerte votive. Con le sue 16 colonne doriche superstiti, che oggi si presentano in parte originali e in parte ricostruite, il tempio era incluso in una fortificazione da cui gli ateniesi sorvegliavano l'ingresso nel Golfo Saronico. È possibile prolungare la gita al Tempio di Poseidone fermandosi per un bagno nello stabilmento *Soúnio Beach. Tutti i giorni dalle 9.30 al tramonto | ingresso €8 | 63 km a sud di Atene | autobus di linea ogni 30 minuti da Áreos Park, Odós Mavromatéon 14 (€5,70)*

(130 A1) *(🕮 J1) | è possibile prenotare tour guidati di mezza giornata presso tutti gli hotel e le agenzie viaggi di Atene*

GOLFO SARONICO

L'isola di *Egina* è raggiungibile in traghetto partendo dal Pireo senza dover necessariamente partecipare a un tour organizzato; in alternativa, si può prenotare una ● minicrociera giornaliera con servizio transfer dall'hotel alle tre isole del Golfo Saronico: *Egina*, *Poros* e *Idra* (139 D4-6) *(🕮 0)*.

Egina è l'isola greca del pistacchio; da qui proviene infatti circa il 3% della produzione mondiale. La prima tappa della minicrociera tra le Isole Saroniche è la località balneare *Agía Marína*. Da qui l'autobus parte alla volta del *Tempio di Afaia (mag-set tutti i giorni 8-20, ott-apr 10.30-17.30, museo: mag-set tutti i giorni 9-16, ott-apr 10.30-16 | ingresso €8)*. Questo tempio dorico e le sue 23 colonne ancora in piedi

Il Tempio di Poseidone, sul promontorio di Capo Sunio, offre una splendida vista sull'Egeo

si sono conservati abbastanza bene. Le sculture che un tempo lo abbellivano furono invece vendute ai tedeschi nel XIX secolo e attualmente sono conservate nella Gliptoteca di Monaco di Baviera. Chi sbarca a Egina senza partecipare ad alcun tour organizzato, può raggiungere il tempio con l'autobus di linea che si muove dall'area portuale. Il viaggio dura circa 30 minuti e consente di attraversare l'isola da un capo all'altro. In alternativa si può trascorrere la giornata in giro per la piccola località portuale. Il lungomare è pieno di pescherecci, a bordo dei quali i commercianti del Peloponneso vendono frutta e verdura. Alle bancarelle del mercato coperto si può acquistare del pesce fresco e farselo cucinare alla taverna del mercato **!** *Agorà* (€€). Se avete tempo, potete optare per un tour cittadino a bordo di una delle carrozze che attendono i clienti direttamente al molo dei traghetti. A *Poros* le minicrociere ormeggiano al molo della piccola cittadina isolana. Da qui si può passeggiare lungo la spiaggia e fermarsi in uno dei numerosi bar del lungomare, dove si gode di un'ottima vista sul Peloponneso che dista appena 300 m. A *Idra* le crociere attraccano in uno dei porti più belli dell'intera Grecia. La piccola darsena è fiancheggiata dalle sontuose "case dei capitani", che risalgono al XVIII e al XIX secolo. Al molo asini e muli attendono il carico da trasportare, visto che sull'isola non circolano automobili.

Per prenotare una crociera giornaliera, potete rivolgervi a qualsiasi hotel o agenzia viaggi di Atene. I traghetti per Egina partono ogni ora dal *Pireo, Platía Karaiskáki* (136 C2) (*0*). Le crociere operano a distanza ravvicinata tra le 7 e le 21, e i ticket si possono acquistare presso le biglietterie del molo. *La spesa complessiva per metropolitana, traversata e autobus sull'isola ammonta a circa €30*

MANGIARE E BERE

Per i greci andare fuori a cena è soprattutto un'ottima occasione per socializzare. In Grecia, infatti, stare con gli amici, la famiglia, la *paréa*, ovvero in gruppo, è importante almeno quanto mangiare bene.

Le alternative sono tante. Ad Atene, ogni quartiere può vantare le proprie taverne, che generalmente si animano a partire dalle 21. L'offerta dei ristoranti è particolarmente varia nel quartiere della Pláka, nel centro storico, che la sera attrae anche un gran numero di turisti. Mentre il quartiere limitrofo di Psirrí è frequentato soprattutto dalla gente del luogo.

Chi volesse evitare le grandi abbuffate può scegliere una *psistariá* tradizionale, dove vengono serviti carne alla griglia, insalata e qualche antipasto, o uno dei numerosi ristoranti internazionali, molto apprezzati anche dagli stessi ateniesi.

Nella Pláka, in particolare, sono sorte delle nuove ***caffetterie*** estremamente accoglienti, frequentate perlopiù da studenti, artisti e intellettuali; passeggiando per le vie pedonali e costeggiando questi locali sembra di stare in Italia o in qualche altra città dell'Europa meridionale. Troverete inoltre le cosiddette *sacharoplastía*, ***pasticcerie***, che offrono un vasto assortimento di dolci greci, e numerosi locali dove si può ascoltare musica internazionale, frequentati soprattutto dai giovani.

La clientela delle caffetterie greche è prevalentemente maschile. Non essendoci l'obbligo della consumazione, i *kafenía* finiscono puntualmente per riempirsi

In foto: il classico souvláki

Ad Atene ogni locale, dalla più piccola taverna al ristorante più lussuoso, offre alla clientela un'ampia scelta di specialità greche

di gente, ma è difficile trovare qualcuno che si ubriachi davvero in questi posti. In genere ci si siede uno accanto all'altro per discutere, soprattutto di politica greca, mentre si gioca a carte o al cosiddetto *távli*, un gioco da tavola simile al backgammon. In molti di questi *kafenía* si trovano degli appositi tavolini rivestiti dal classico feltro verde.

Chi ordina il caffè, è tenuto obbligatoriamente a specificare come lo preferisce. Molti ateniesi bevono solo caffè greco, la *mokka*, che viene preparato tramite bollitura in acqua con l'aggiunta di zucchero. Di *kafé ellinikó* esistono diverse varianti: lo *skétto*, senza zucchero; il *métrio*, con poco zucchero; il *glikó*, con molto zucchero e il *diplό*, un caffè doppio.

In tutti i *kafenía*, oltre al *kafé ellinikó* si può chiedere anche del caffè solubile. Generalmente viene chiamato *neskafé* e quando lo si ordina bisogna indicare la quantità di zucchero desiderata. Anche questo tipo di caffè presenta delle varianti: si può scegliere infatti tra il *nescafé sestó*, caldo, e il *frappé*, freddo. I giovani

Nei vicoli intorno a piazza Monastiráki troverete sempre un bar dove riprendere fiato

gradiscono in particolare il caffè ghiacciato, che è servito a sua volta in due modi diversi: il *freddo espresso* e il *freddo cappuccino*, sempre indicando la quantità di zucchero che si preferisce.

La bevanda nazionale greca è l'ouzo, un distillato aromatizzato all'anice, che potete trovare dappertutto. Esistono persino dei locali simili a taverne, dette ***ouzerie***, che offrono ouzo a fiotti accompagnato da stuzzichini. Qui il distillato viene servito generalmente in bottiglia o in caraffa insieme alle *mesédes*, che variano a seconda della stagione, ma in genere contengono polpo o funghi grigliati, lumache o fagioli. Simile a una ouzeria è lo ***tsipourádiko***, con l'unica differenza che al posto dell'ouzo viene servito il cosiddetto *tsipouro*, una grappa cretese conosciuta anche con il nome di *raki*.

Le tipiche ***taverne*** greche sono dei locali molto semplici. I tavoli hanno tovaglie di plastica – solo nel migliore dei casi di stoffa – e un servizio è molto spartano: appena ci si siede, i camerieri portano in tavola un po' di pane fresco, tovaglioli e posate di plastica, dopodiché prendono le ordinazioni. Per conoscere le specialità del giorno, i clienti di solito vanno in cucina a sbirciare tra i tegami o danno un'occhiata al contenuto dei banchi riscaldati. I greci non guardano mai il menu, preferiscono chiedere consiglio direttamente al cameriere. Per gli stranieri, tuttavia, le taverne mettono a disposizione la lista dei piatti del giorno in inglese.

Oltre a questi locali tipici, ci sono naturalmente tanti ***ristoranti***, di tutte le categorie. Qui in genere i tavoli presentano tovaglie di stoffa, posate di metallo e talvolta anche candele per cenette romantiche. Accanto alle specialità greche si possono consumare piatti internazionali, mentre è in costante aumento il numero dei locali che offrono ottimi vini provenienti da cantine locali. Di solito il conto si basa sul peso del cibo ordinato e i prezzi oscillano tra i 40 e gli 80 euro al chilo. Un consiglio: controllate sempre che il peso sia esatto!

CAFFETTERIE E GELATERIE

! A FOR ATHENS (126 C2) (H4)
Questo bar in cima alla terrazza dell'omonimo hotel offre una vista spettacolare sull'Acropoli e sulla città. Di mattina, il locale è un tipico punto di ritrovo per i giovani ateniesi che vengono a consumare un caffè, mentre di sera è gettonatissimo per i cocktail. *Tutti i giorni dalle 11 | Miaoúli 2-4 | Monastiráki | www.facebook.com/AforAthensCocktailBar*

HANS AND GRETEL ★ (126 C3) (H4)
Walt Disney e i fratelli Grimm sono gli ispiratori di questa insolita gelateria ateniese. Qui il vasto assortimento dei gelati non è servito nelle classiche cialde, ma in grossi cannoli fatti con una specie d'impasto per frittelle. Questa prelibatezza è nota con il nome di Chimney Cakes. All'interno del locale, per la gioia dei bambini, c'è una riproduzione della casa di marzapane della fiaba dei Grimm, mentre per gli adulti, all'esterno, ci sono tavolini e sgabelli dove poter gustare il gelato suscitando l'invidia dei passanti. *Tutti i giorni dalle 10 | Odós Adrianoú 48 | Monastráki | www.facebook.com/hansandgretelathens*

! MELINA (127 D4) (J4)
Questa minuscola caffetteria è dedicata all'attrice, cantante e poi ministro dei beni culturali, Melina Mercouri, scomparsa nel 1994, che è stata l'idolo di tutta la nazione. All'esterno del locale, potrete gustare la vostra consumazione nell'atmosfera romantica di un antico vicolo, mentre all'interno, in mezzo a fiori finti, soprammobili, candele e quadri, potrete ascoltare della buona musica greca. Si possono ordinare anche vini in bottiglia e taglieri di formaggi, o antipasti misti per due con una bottiglia di ouzo. *Tutti i giorni dalle 12 | Odós Lisíou 22 | Pláka*

PÉROS (130 B5) (K4)
Questo bar è un punto di ritrovo per artisti e uomini d'affari, con posti a sedere all'esterno anche in inverno. Tra i dolci, tutti fatti in casa, consigliamo il *galaktoboúreko*: pasta sfoglia farcita con crema pasticcera al limone. *Tutti i giorni orario continuato | Platía Kolonáki 19-20*

! VRYSSÁKI (126 C3) (H4)
Questa caffetteria in cima alla terrazza di un edificio in stile neoclassico si trova alle spalle dell'Agorà. Da qui si gode di un'ottima vista panoramica sull'Acropoli. Di sera il locale ospita spettacoli teatrali o proiezioni cinematografiche di film in lingua originale. Il Vryssáki talvolta si trasforma in galleria d'arte, esponendo tele di pittori più o meno noti. *Tutti i giorni dalle 11 | Vryssakíou 17 | Pláka | www.artfix.gr/en/vryssaki*

LE SCELTE MARCO POLO

★ Hans and Gretel
Probabilmente non avete mai assaggiato un gelato così in vita vostra → p65

★ Nolan
Raffinata cucina fusion per tutte le tasche → p69

★ To Kafenío
Persino il famoso cuoco britannico Jamie Oliver si è ispirato alle specialità di questo locale → p69

★ O Thanásis
Souvláki e kebab da gustare nell'animata atmosfera del mercato → p71

★ Scholarhio
Un grande vassoio al posto del menu → p71

RISTORANTI €€€

AEGLI (134 B1) (*🕮 K5*)
Questo ristorante, nel parco accanto all'edificio neoclassico *Zappeion*, offre specialità mediterranee creative e uno splendido affaccio sull'Acropoli. Tra i vari piatti forti consigliamo i frutti di mare con la feta e lo zafferano, il polpo alla griglia oppure il filetto di manzo in salsa di origano e limone. La terrazza è meravigliosa. *Tutti i giorni dalle 13 | Leofóros Vasilíssis Ólgas | tel 210 33 69 364 | www.aeglizappiou.gr/index_uk.html*

EAT AT MILTON'S (127 D3) (*🕮 J4*)
Questo splendido locale all'angolo tra due animatissimi vicoli pedonali nel quartiere della Pláka, offre ai propri clienti uno splendido scorcio sulla città vecchia. Ci si può fermare anche a pranzo, esclusivamente alla carta. Gli interni sono

DA PROVARE, PRIMA O POI

Dolcezza peccaminosa
Il *Ta Serbétia tou Psirrí* **(126 C2)** (*🕮* **H3**) *(dom-gio 10-2, ven-sab 10-4 | Odós Aischyloú 3 | Psirrí | tel 210 32 45 862 | serbetia.gr)* è un locale per tutti coloro che, in fatto di dolci, non conoscono mezze misure. Se deciderete di farvi un salto, vi consigliamo di ordinare subito la cosiddetta *pikilía:* un piatto composto da quattro o cinque torte diverse, in cui le specialità greche si mescolano con quelle orientali e di ogni altra parte del mondo. La montagna di gelato, servita solitamente al centro del piatto, aromatizzata con radice di lentisco, è una specialità tipicamente greca. A chi non vuole esagerare consigliamo il cosiddetto "Love Cake", un dolce al cioccolato con sciroppo di zucchero servito caldo, o il dolce preferito dai greci: la *karidópitta*, deliziosa torta alle noci.

Pane per tutti i gusti
Il moderno bar-ristorante *Veneti 1948* **(129 F3)** (*🕮* **J2**) *(tutti i giorni 6-23 | Odós Dorou 1 | tel 210 52 30 740 |* **€***)* offre 50 tipi di pane e panini fatti in casa. Eccellente anche l'offerta di torte e pasticcini. Inoltre dal lunedì al sabato dalle 12 alle 17 viene servito un ottimo menu del giorno, mentre gli altri piatti possono essere scelti direttamente al bancone.

Cicale e formiche
Niente paura: non troverete niente di simile nel menu dello *Tzítzikas ke Mermígas* **(127 E3)** (*🕮* **J4**) *(lun-sab 12-1 | Odós Mitropóleos 12-14 | Syntagma | tel 210 32 47 607 | www.tzitzikasmermigas.gr |* **€€***)*. Il nome del locale allude alla sua clientela, composta sia da uomini d'affari operosi e diligenti come formiche, sia da persone che vivono solo per la musica e il canto, come le cicale, tutti accomunati dalla stessa passione per il buon cibo a prezzi ragionevoli. Il servizio è rapido e i camerieri sono estremamente socievoli; di norma il cliente è accolto con un bicchierino di grappa come benvenuto. Le specialità della casa, con la loro insolita combinazione di sapori, sono una vera e propria delizia per il palato. Il non plus ultra sono un risotto agli spinaci guarnito con seppie e la cosiddetta *fáva,* una costata di maiale affumicato. Come contorno si consiglia lo *stamnagáthi*, tipica insalata cretese di verdure.

moderni ed eleganti, il menu è internazionale e, nonostante l'ambiente raffinato, l'atmosfera è piacevolmente casual. *Tutti i giorni dalle 9 | Odós Adrianoú 91 | tel 210 32 49 129*

FUNKY GOURMET (129 D4) (*🗺 G3*)
Avete voglia di cucina creativa che impieghi ingredienti freschi e di provenienza locale? Allora questo ristorante a due stelle Michelin è sicuramente il posto che fa per voi! Dopo un buon cocktail all'interno di una sala lounge in stile art déco, i clienti, che di norma non sono mai più di trenta, in genere si spostano al primo piano di questa villa in stile neoclassico. Qui, in un ambiente impreziosito da un gran numero di opere d'arte moderna, viene servito il tipico menu di degustazione di sette portate che costa 145 euro a persona (o dai 230 euro in su, se si ordina da bere). *Mar-sab dalle 19.30, chiuso ago-metà set | Odós Paramíthias 13 | Kerameikós | tel 210 52 42 727 | www.funkygourmet.com*

! GAKU (127 E3) (*🗺 J4*)
Anche il miglior ristorante giapponese di Atene si trova nel quartiere della Pláka. Qui il sushi è apprezzato anche dai turisti giapponesi. Chi dovesse scegliere il *mochi* come dessert, dolce della casa, vivrà un'esperienza organolettica indimenticabile. *Tutti i giorni 12.30-0.30 | Odós Apóllonos 2 | Pláka | tel 210 32 30 970 | www.gakusushi.com*

PASAJI ● (127 F2) (*🗺 J4*)
In questo elegantissimo locale non ci si annoia mai. All'ora di pranzo, si riempie generalmente di uomini d'affari, mentre di sera è la tappa ideale per gli spettatori che escono da teatro. La cucina, estremamente creativa, offre specialità greche. Dal lunedì al venerdì i clienti optano per uno dei due menu del giorno, che costano rispettivamente 18 e 26 euro.

Il Pasaji, splendido locale sotto i portici

Di sera vengono serviti gli ottimi cocktail preparati dallo chef John Samarás. *Lun-sab 13-1.30, dom 13-1 | Stoá Spirómilou (sotto i grandi magazzini Attica) | tel 210 32 20 714 | www.pasajiathens.gr*

! PSARÁS (127 D4) (*🗺 J4*)
È difficile trovare un posto più romantico di questo nel quartiere della Pláka. Circondato da antichi edifici, il locale si trova all'incrocio tra due tranquilli vicoli del centro storico interamente pedonali, a due passi dall'Acropoli e dal quartiere di Anafiótika. Lo Psarás è inoltre considerato il miglior ristorante di Atene quanto a pesce fresco e frutti di mare. *Tutti i giorni dalle 12 | Odós Erechtéos 16/Odós Erotokrítou | tel 210 32 18 734 | Plaka | www.psarasctaverna.gr*

SPECIALITÀ

békri mezé – spezzatino di maiale, stufato in un recipiente di terracotta
briám – sorta di ratatouille con melanzane e olio d'oliva
choriátiki saláta – insalata tipica greca con pomodori, cetrioli, cipolle, olive e altri ingredienti di stagione, accompagnata da cubetti di formaggio di capra o di pecora *(foto a sinistra)*
chtapódi ksidáto – insalata di polpo marinato in olio e aceto
dolmádes – foglie di vite ripiene di riso, crauti o macinato, servite perlopiù calde con una salsa all'uovo e limone
jouvétsi – pastina gratinata in un recipiente di terracotta, con spezzatino di manzo o di agnello
kakaviá – zuppa di pesce i cui ingredienti possono essere scelti dai clienti stessi; il pesce viene cotto nel brodo ma servito separatamente
kléftiko – carne di agnello o capra stufata con contorno di patate ed erbe
marídes – acciughe fritte croccanti da consumare intere
moussakás – sformato di melanzane o zucchine, patate, carne macinata con abbondante copertura di besciamella *(foto a destra)*
pastítsjo – pasta al forno con carne macinata e besciamella
revithókeftédes – frittelle o crocchette di purè di ceci
skordaljá – purè di patate all'aglio servito come portata principale o contorno per pesce o carne di maiale
spanakópitta – pasta sfoglia ripiena di spinaci
spetsofaí – piatto tradizionale con salsiccia, cipolla, peperoni verdi e pomodoro
stifádo – spezzatino di manzo, a volte anche di coniglio, in salsa di pomodoro e cannella con un contorno di cipolle
souvláki – spiedino con carne di agnello o maiale

RISTORANTI €€

DIOSKOÚRI (126 C4) *(H4)*
In questa ouzeria ai margini della Pláka, non sembra di essere in città. Potrete infatti sedere in tutta tranquillità ad ammirare l'Acropoli. *Tutti i giorni 8.30-1 | Odós Dioskoúri 13 | Pláka | tel 210 32 53 333*

K8POINT (129 E5) *(H4)*
Queste antiche scuderie, appartenute al re Ottone di Grecia e riconvertite in un

ristorante, sono specializzate in street food: qui potrete gustare panini, hamburger, falafel, ma anche specialità vegetariane. Spesso il locale organizza serate con musica dal vivo per tutti i gusti. *Mer-ven 18-3, sab-dom 12-3 | 119 Odós Ermoú | Thisío | tel 210 33 15 407*

KLIMATARIÁ (129 E4) *(🕮 H3)*
Sulla splendida terrazza di questa taverna sorta nel 1927, potrete sedere comodamente tra foglie di vite rampicanti e antiche botti di vino, scegliere le portate direttamente in cucina e gustare pane fatto in casa o *pítta* farcite. Spesso, dopo le 22, il locale organizza spettacoli di musica greca dal vivo (in questi casi è prevista una maggiorazione di 4 euro). *Tutti i giorni 12-2 | Platía Theátrou 2 | Agorà | tel 210 32 16 629*

KOSMIKÓN (127 E5) *(🕮 J4-5)*
Questo ristorantino mette a disposizione dei clienti una terrazza con un bell'affaccio sulla zona più animata del centro storico. Il servizio è rapido, i camerieri gentili e la cucina di buona qualità. *Tutti i giorni dalle 9 | Odós Adrianoú 119 | Pláka | tel 210 32 46 984 | www.kosmikon.gr*

NOLAN ★ (127 E3) *(🕮 J4)*
Localino moderno famoso per la sua cucina fusion. Tra le insolite specialità offerte troverete hamburger di merluzzo, cosciotti d'anatra con marroni in agrodolce, fagiolini con fegato, arance e pere. *Mar-dom dalle 13 | Odós Voúlis 31-33/ Odós Apóllonos | Pláka | tel 210 32 43 545 | www.nolanrestaurant.gr*

T.G.I. FRIDAY'S (130 B5) *(🕮 K4)*
Questa catena di ristoranti americani offre un vasto assortimento di piatti di buona qualità. Eccellenti i frullati, i cocktail e i long drink. *Lun-ven dalle 13, sab-dom dalle 12 | Odós Neofítou Vámva 2 | Kolonáki | tel 210 72 27 721 | www.fridays.gr*

TO KAFENÍO ★ (127 D4) *(🕮 J4)*
Questo piccolo ma comodo *mezedopolío* in estate offre la possibilità di mangiare all'aperto. Tra le bevande proposte spiccano la *tentúra*, un tipico liquore alla cannella, il *rakómelo* e la grappa di ouzo proveniente dall'isola di Amorgos. Interessanti sono anche i piatti di formaggio, specie quello proveniente dall'isola di Chio. *Tutti i giorni 10-1 | Odós Epichármou 1 | Pláka | tel 210 32 46 916 | tokafeneio.gr/en*

Accanto all'Agorà, al tramonto, è ancora possibile trovare un posto libero al ristorante

Prelibatezze ai piedi dell'Acropoli: la caffetteria del Museo

! TO STÉKI TOU ILÍA (129 D5) (*🕮 G4*)
Qui troverete le migliori costolette d'agnello alla griglia della città. Il prezzo è stabilito in base al peso della carne: in genere una quantità di 400 g è più che sufficiente per sfamare una persona. Il locale propone anche patatine fritte, insalate e un buon vino della casa. *Lun-sab dalle 18 | Odós Eptachálkou 5 | Thisío*

RISTORANTI €

! CAFFETTERIA DEL MUSEO DELL'ACROPOLI (127 D6) (*🕮 J5*)
In questa caffetteria moderna ed elegante, potrete gustare a prezzi davvero convenienti specialità provenienti da ogni parte della Grecia. Tra questi, ad esempio, il formaggio affumicato di Mykonos servito con anguria, taglieri di formaggi tipici con frutta fresca, piatti freddi con cetrioli, yogurt e menta fresca, oppure la famosa *tentúra*, il liquore aromatizzato alla cannella e ai chiodi di garofano, o la *vissináda*, lo sciroppo di amarene e zucchero di canna. *Segue gli orari di apertura e chiusura del museo | Odós Dionissíou Areopagítou 15*

DIPORTO (129 E4) (*🕮 H3*)
Appena entrerete in questa tipica taverna greca, il vino vi sarà spillato direttamente dalle botti allineate alle pareti. Poi potrete gustare uno dei sei piatti del giorno, preparati esclusivamente con prodotti freschi provenienti dal mercato. Il Diporto è una piccola taverna all'antica in cui regna la semplicità: non ci sono menu, i camerieri non parlano l'inglese e a disposizione dei clienti ci sono solo otto tavolini. *Lun-sab 8-19 | Odós Sokrátous 9/Odós Theátrou | Agorà*

! LOUKOÚMI (126 B2) (*🕮 H4*)
Qui si servono ottimi hamburger e patatine fritte fatte in casa. Interessante è la versione salata delle *loukoumádes* (frittelle dolci di origine turca), che qui vengono riempite di formaggio e pomodori. Di sera, inoltre, il locale mette a disposizione dei clienti una vasta scelta di cocktail che si possono gustare in

terrazza godendo di una spettacolare vista sull'Acropoli. *Tutti i giorni dalle 10 | Platía Avissinías 3 | Monastiráki | tel 210 32 34 814 | loukoumibar.gr*

NÉON (129 F3) *(🗺 J2)*
In questo ristorante, che si trova in un vicolo pedonale dietro piazza Omónia, si possono gustare, specialmente a pranzo, dei deliziosi piatti esclusivamente greci. Ai banchi riscaldati troverete un vastissimo assortimento di specialità tipiche. I piatti alla griglia provengono dal ristorante di fronte, che appartiene alla stessa gestione. *Tutti i giorni dalle 10 | Odós Satovriándou 6/7*

O DAMÍGOS (127 E4) *(🗺 J5)*
Una tipica taverna greca con un ottimo vino sfuso. La specialità del posto è sicuramente il baccalà fritto *(bakaljáro)* con purè all'aglio *(skordaljá)*. *Lun-ven dalle 18, sab-dom aperto anche tra le 12-16, chiuso lug-ago | Odós Kidathinéon 41 | Pláka*

! O PLÁTANOS (127 D3) *(🗺 J4)*
Questa taverna si trova da oltre 70 anni in un angolino nascosto nel cuore del centro storico. Il locale offre un vasto assortimento di piatti tipicamente greci. D'estate, tavolini e sedie sono sistemati all'ombra di un grosso platano. *Apr-ott tutti i giorni 12-16.30, lun-sab aperto anche dalle 19.30 | Odós Diogénous 4 | Pláka | tel 210 32 20 666*

O THANÁSIS ★ ● (126 C3) *(🗺 H4)*
Grande locale nell'animatissima piazza Monastiráki, composto da tre taverne adiacenti che da diversi decenni sono specializzate nella preparazione del souvláki e del kebab. Il locale è così gettonato e apprezzato anche dagli ateniesi, che a volte, all'ora di pranzo, capita di dover fare la fila per sedersi. Il punto forte dell'*O Thanásis* è l'atmosfera "da strada" che si respira, con i venditori ambulanti che girano tra i tavoli e i musicisti che spesso allietano la clientela con la loro musica. *Tutti i giorni dalle 10 | Odós Mitropóleos 69/Monastiráki-Platz | tel 210 32 44 705*

SCHOLARHIO ★
(127 D4) *(🗺 J4)*
Questo locale è un'ouzeria che si sviluppa su due piani all'interno di un edificio in stile neoclassico nel cuore del centro storico. Qui i camerieri portano in tavola dei vassoi con abbondanti specialità tipiche in modo che i clienti possano scegliere liberamente che cosa mangiare. Se siete in due, optando per il menu fisso da €15 potrete gustare fino a cinque portate diverse, con bibite e dolce inclusi. I posti più suggestivi del locale sono quelli sui due balconcini, ciascuno con un solo tavolo a disposizione. *Tutti i giorni dalle 11 | Odós Tripódon 14 | Pláka | tel 210 32 47 605 | www.scholarhio.gr*

LOW BUDG€T

Nel self service all'ultimo piano della caffetteria *Hondós Center* **(129 F3)** *(🗺 J2)* in piazza Omónia, potrete assaggiare ottime specialità a prezzi economici, senza dover fare file interminabili.

Anche ad Atene, il modo più economico per saziarsi è ordinare un buon gyros in una *pítta*. A soli tre isolati di distanza da piazza Syntagma, allo storico chiosco *Kóstas* **(127 E3)** *(🗺 J4)* *(Odós Pentélis 5)*, potrete gustare questo piatto tipicamente greco spendendo solo €2.

Greek SHOPPING

> **CITY INIZIAMO DA...**
> Il quartiere dello shopping è il cosiddetto **Emborikó Trígono**, delimitato dalle piazze Syntagma, Omónia e Monastiráki. Lungo la **Odós Athínas**, che collega piazza Omónia a piazza Monastiráki, si trova invece il mercato coperto. Le scarpe e i gioelli più costosi si possono acquistare nei negozi del quartiere di **Kolonáki**, tra piazza Syntagma e il Licabetto. Se cercate abbigliamento a buon mercato, fate una capatina nei negozi lungo **Odós Iféstou** tra piazza Monastiráki e il quartiere di Thisío. Per i souvenir per i turisti, i migliori negozi si trovano nella **Pláka**.

Fare shopping ad Atene è estremamente divertente. A caratterizzare lo scenario commerciale della città non sono i soliti grandi magazzini o le catene di negozi, ma le migliaia di piccole botteghe a gestione locale, molte delle quali non si limitano a vendere i prodotti, ma provvedono anche a idearli e talvolta persino a fabbricarli in proprio. Dai capi d'abbigliamento made in Greece alle opere d'arte moderna, passando per l'oggettistica e le stravaganti calzature, la proposta è ampia e irresistibile!

Atene offre tantissime possibilità di fare shopping. I negozi si concentrano nell'ampia zona che va da piazza Omónia all'Acropoli, tra il quartiere di Thisío e il Licabetto. Negli ultimi tempi sono sorte numerose zone pedonali con caffetterie e ristoranti

In foto: negozio di arredamento nel quartiere della Pláka

s chic.

Atene non è una metropoli internazionale dello shopping, eppure sa offrire ai turisti un vasto assortimento di prodotti *made in Greece*

sparsi un po' ovunque. Nell'attuale conformazione delle vie dello shopping si riconosce l'antico sistema dei bazar medievali e orientali che tendono a concentrarsi in base al tipo di merce venduta. Ciò consente ai turisti di risparmiarsi camminate chilometriche e di poter scegliere fra un ampio assortimento di prodotti.

Nella capitale greca, la strada dello shopping per eccellenza è l'ampio viale pedonale *Odós Ermoú* (126-127 A2-F3) (*🗺 G-J4*), che collega piazza Syntagma a piazza Monastiráki. Altri punti interessanti per fare acquisti sono le vie Odós Evangelístrias e Odós Agíou Márkou. Degne di nota sono anche le antiche gallerie commerciali, alcune delle quali restaurate di recente, che collegano i due isolati tra i viali Panepistimíou e Stadíou (130 A4-5) (*🗺 J3-4*). I punti più animati sono invece il mercatino delle pulci e il mercato coperto. Di recente, l'antica area industriale di *Psirrí* (126 B1-2) (*🗺 G-H3*) è stata riconvertita in un moderno quartiere dedicato agli articoli in pelle, calzature e oggetti d'antiquariato. Accanto a questi quartieri destinati allo shopping per tutte le tasche, esiste ad Atene anche una zona commerciale più elegante con boutique e negozi di lusso: si tratta del quartiere di *Kolonáki* (130 B-C5) (*K-L 3-4*). Sito a pochi passi da piazza Syntagma, si estende fino alle pendici del Licabetto. Molte delle sue vie, tra cui Voukourestíou, Sína, Skoufá, Kanári

Moda esclusiva nel quartiere di Kolonáki

e Tsakálof, sono frequentate dalla buona società ateniese e ospitano gallerie d'arte, gioiellerie dai prezzi esorbitanti e negozi d'alta moda prevalentemente italiana e francese, ma anche greca.

Quanto ai grandi magazzini, perlomeno come li intendiamo noi, non ce ne sono molti nella capitale. In compenso però ne esiste uno di gran lusso che non teme il confronto con i più famosi Harrod's o le Galeries Lafayette: si chiama *Attica* e si trova vicino a piazza Syntagma. *Negozi di souvenir: tutti i giorni 9-22, altri negozi lun, mer, sab 8-15 circa, mar, gio, ven 8.30-14 e 17-20, salvo cambiamenti*

ANTIQUARIATO E OGGETTISTICA

! AMORGÓS (127 E4) (*J4*)
Qui potrete acquistare oggettistica varia o d'antiquariato come se vi trovaste al mercatino delle pulci. Vi consigliamo in particolare le marionette per il teatro delle ombre e i ricami. *Odós Kódrou 3 | Pláka*

ELLINIKÓ SPÍTI (127 E4) (*J4*)
Dimítris Kouteliéris, il gestore del locale, si diverte a creare mobili dalle decorazioni fantastiose, nonché piccoli oggetti d'arredo, specchi e cornici per quadri, sfruttando reperti di relitti e oggetti ritrovati in spiaggia. *Odós Kékropos 14 | Pláka*

ARTE E DESIGN

ANAMNESIA (127 D4) (*J4*)
Volete acquistare dei souvenir che siano belli, tipicamente greci ed economici? Qui troverete articoli quali federe, tazzine da caffè, grembiuli, borse, tovagliette, calamite da frigorifero e tanti altri piccoli oggetti raffiguranti asini, pesci, barche, colonne e piovre, il tutto interpretato e realizzato in chiave moderna. *Odós Adrianoú 99 | Pláka | www.facebook.com/anamnesiagifts*

FORGET ME NOT ATHENS (127 E4) (*J4*)
In questo studio di design sono più di 100 gli artisti, prevalentemente giovani, che espongono i propri oggetti artigianali. Qui troverete un po' di tutto: magliette, gioielli, federe, borsette, tazzine da caffè e persino cover per cellulari. *Odós Adrianoú 100 | Pláka | www.forgetmenotathens.gr*

PAROUSÍA (127 E4) (*J4*)
In questa tranquilla galleria d'arte, cullati da dolci melodie classiche, greche o bizantine di sottofondo, potrete ammirare ed eventualmente acquistare icone, ripro-

duzioni di oggetti da museo, articoli in ceramica e opere d'arte greca contemporanea. I prezzi degli articoli esposti oscillano tra i 20 e i 2000 euro. *Odós Kidathinéon 15 | Pláka | www.parousia-art.com*

ARTICOLI IN PELLE

! IPPÓLITO (127 E4) *(🕮 J4)*
La designer Pavlína Papailiopoúlou ha studiato arte e design in Inghilterra e in Italia e ora vende i propri articoli in pelle, paglia e tela da vela nel quartiere della Pláka. In genere si tratta di borse, tra cui spiccano in particolare delle minuscole sacchette da portare al collo come una specie di catenina. *Odós Voúlis 38 | Pláka | www.ippolito.gr*

KOUROUNIÓTI (126 C2) *(🕮 H4)*
Qui troverete borse, valigie, portamonete e cinture che riportano la griffe "Koúros": si tratta esclusivamente di articoli fatti a mano. *Lun-sab 9-17 | Odós Miaoúli 15 | Psirrí*

3 QUARTERS
(126 C1) *(🕮 H3)*
Siete per gli acquisti ecosostenibili? Allora questo piccolo negozio fa proprio al caso vostro. Vi troverete, infatti, borse e altri accessori tutti prodotti con materiale di riciclo raccolto in giro per Atene. Ogni pezzo è unico ed è fatto esclusivamente a mano. *Mer-dom 12-20 | Odós Ag. Dimitríou 19 | Psirrí | 3quarters.design*

ARTIGIANATO

CENTRE OF HELLENIC TRADITION
(126 C3) *(🕮 J4)*
Questo piccolo centro commerciale dall'aspetto di un museo farà felice chi è in cerca di oggetti artigianali d'alto livello. Tra gli articoli offerti, particolarmente degni di nota sono i ricami, i tessuti, le ceramiche, i manufatti in ottone e rame e le stampe d'epoca. Il centro dispone anche di una caffetteria con vista sull'Acropoli e di una galleria d'arte al primo piano dell'edificio. *Odós Pandróssou 36 | Pláka*

DEXÍPOS ★ (126 C4) *(🕮 H4)*
Antónis Pálles, il gestore del locale, si diverte a immaginare e a creare reperti antichi non ancora scoperti, traendo ispirazione dai modelli esposti al museo. Il risultato è un insieme di creazioni completamente nuove e straordinariamente originali. Naturalmente tutto ha il suo prezzo, alto in questo caso! *Odós Dexípou/Odós Pánou | Pláka | www.facebook.com/antonispalles*

GIOIELLI

Ad Atene esistono più di 3000 negozi tra oreficerie e gioiellerie. I punti vendita più lussuosi si concentrano nel quartiere di Kolonáki e in particolare in Odós Voukoure-

LE SCELTE MARCO POLO

★ Dexípos
Qui troverete reperti antichi non ancora scoperti... Divertente ed emozionante → p75

★ Attica
Il centro commerciale più esclusivo di Atene → p76

★ Mercatino delle pulci
Ogni domenica mattina troverete una grande quantità di oggetti e varie curiosità, ai piedi dell'Acropoli → p77

★ Remember now
In questo locale hanno fatto shopping persino gli Scorpions e gli Iron Maiden. Arte da indossare! → p77

stíou (128 A-B5) (*K3-4*). Quelli in Odós Pandróssou (126-127 C-D3) (*H-J4*), nei pressi di piazza Monastiráki, sono molto turistici. L'ateniese medio, invece, fa i suoi acquisti in Odós Lékka (127 E2) (*J4*), una traversa di Odós Ermoú.

! B612 (126 C2) (*H4*)
Orecchini, bracciali e fermagli per capelli, fatti a mano e realizzati con materiale da riciclo, come ad esempio i tappi a corona delle bottiglie di birra. Il locale vende inoltre accessori per la casa, in genere creati da giovani artigiane ateniesi, molte delle quali pubblicizzano i loro prodotti con la dicitura *made in Athens*. Anche gli uomini possono trovare qualcosa di interessante, come dei portachiavi. *Mar, gio, ven 12-21, mer e sab 12-17, dom 14-19 | Odós Karaiskáki 35 | Psirrí | www.facebook.com/B612theplace*

LALAOÚNIS (130 B5) (*K4*)
La gioielleria più famosa, ma allo stesso tempo, purtroppo, la più cara di Atene. *Odós Voukourestíou 12/Odós Panepistimíou 6 | www.lalaounis.gr*

PETRA NOVA (130 B5) (*K4*)
Anche se non è ancora molto famosa, questa gioielleria colpisce in particolare per le sue creazioni insolite e originali, ma tutt'altro che vistose, almeno rispetto ai canoni greci in materia di oreficeria. *Odós Voukourestíou 19 | Kolonáki*

GRANDI MAGAZZINI E GALLERIE COMMERCIALI

ATTICA ★ (130 A5) (*J4*)
In questo sfarzoso edificio di otto piani costruito nel 1926, potrete trovare tutte le griffe più importanti nei settori della moda, dei tessuti, dei prodotti per la casa e delle calzature. L'Attica dispone di sale private per shopping da vip e di un bar-ristorante molto trendy all'ultimo piano dell'edificio. Effettua inoltre consegne in albergo su ordinazione. *Odós Panepistímiou 9 | www.atticadps.gr/en*

HONDÓS CENTER (129 F3) (*H2*)
In questo locale di dieci piani troverete tutto ciò che può offrire un centro commerciale di categoria economica. *Platía Omónia 4 | www.hondoscenter.gr/en*

THE MALL ● (139 E3) (*O*)
Il più grande centro commerciale di Atene ospita quasi 150 negozi, un cinema con ben 14 sale in cui vengono proiettati i film più recenti, nonché di una grande sala da bowling a 14 piste. *Lun-ven 10-21, sab 9-20, locali e cinema aperti fino alle 2 di notte | Maroúsi | www.themallathens.gr/en | metro L2: Neratziótissa*

SHOPPING NEI MUSEI

I migliori souvenir si possono trovare negli shop dei musei. Al Museo Archeologico Nazionale, ad esempio, troverete autentiche riproduzioni di reperti antichi, quali statue e vasi dipinti in stile classico. I musei inoltre offrono la possibiltà di ricevere direttamente a casa quei souvenir troppo ingombranti o pesanti da portarsi in valigia. Molto interessanti sono anche i negozi del Museo Benáki, dove troverete accessori per la casa, gioielli, cd e riproduzioni di icone, e quelli del Museo di Arte Cicladica, che offrono in particolare oggetti di oreficeria.

Icone in vetrina in un negozio del centro storico: un bel souvenir da mettere in valigia

STOÁ SPIROMÍLOU ●
(130 A5) (*🗺 J4*)
Una delle tipiche gallerie commerciali ateniesi con punti vendita chic come Cartier, Hermès e Salvatore Ferragamo. *Isolato delimitato dalle vie Panepistímiou, Amerikís, Stadíou e Voukourestíou*

MERCATINI DELLE PULCI

Il ★ ● *mercatino delle pulci* (126 B-C 2-3) (*🗺 H4*) si tiene ogni domenica mattina ai piedi dell'Acropoli. Un gran numero di commercianti espone le proprie mercanzie tra Odós Ermoú, piazza Monastiráki, piazza Thisío e lungo Odós Áreos.

MODA

IOÁNNA KOURBÉLA (127 E4) (*🗺 J4*)
Se prima o poi dovesse servirvi un abito da sposa, provate a dare un'occhiata ai modelli proposti da questa designer ateniese. Ioánna Kourbella firma anche collezioni uomo, donna e bambini in stile urban chic. *Odós Adrianoú 109 | Pláka | www.ioannakourbela.com*

! LA STAMPA (127 D3) (*🗺 J4*)
"Prodotti greci al 100%!" è il motto orgoglioso di questa azienda. Qui tutto, dal design alla produzione, è esclusivamente greco e non ha bisogno di farsi tanta pubblicità: le soffici stoffe infatti parlano da sole. Anche i capi invernali sono decisamente morbidi. Unica pecca: gli articoli proposti sono esclusivamente femminili. *Odós Adrianoú 57 | Pláka | www.la-stampa.gr/en*

PARANOIA (127 E3) (*🗺 J4*)
Questo marchio esclusivamente *made in Greece*, dall'idea al prodotto finito, propone capi d'abbigliamento sgargianti per giovani donne a prezzi accessibili. In genere per una maglia o una camicia si parte dai €20. *Odós Ermoú 71 | Emborikó Trígono | www.paranoia.com.gr*

REMEMBER NOW ★ (126 C1) (*🗺 H3*)
Dimítris Tsouátos si è fatto un nome come stilista di moda punk e heavy metal. Il figlio Yánnis e la nuora Athiná hanno deciso di seguirne le orme, proponendo capi anti fashion in un nuovo locale. Pensate che tra

Ad Atene i mercatini delle pulci sono dappertutto: eccone uno davanti alla Biblioteca di Adriano

i clienti del Remember Now ci sono stati addirittura gli Iron Maiden, Lana del Rey e Kim Gordon. *Odós Aischylоú 28 | Psirrí*

T-GREEKS (126 C4) (*H4*)
In questo locale troverete magliette e felpe con cappuccio di ottima qualità ed esclusivamente *made in Greece*. I capi presentano disegni e motivi classici, ma rivisitati in chiave moderna. *Odós Dexíppou 3 | Pláka | t-greeks.com*

VALTADÓROS (130 B5) (*K3*)
Qui potrete acquistare abiti realizzati dal noto stilista Paris Valtadóros, ideali per l'ufficio o per le serate eleganti. Esiste anche la collezione di abiti da sposa. *Odós Voukourestíou 37/Soufá | Kolonáki | www.parisvaltadoros.com*

MUSICA

! TO DISKÁDIKO (129 E5) (*H3*)
In questo negozio troverete un ampio assortimento di dischi in vinile, nuovi e usati, e persino le cassette di una volta. Naturalmente si tratta di musica sia greca che internazionale. L'ideale per gli appassionati a cui piace frugare tra gli scaffali! *Odós Agías Eleoúsis 5 | Psirrí | www.todiskadiko.gr/en*

PRODOTTI BIO

APIVITA EXPERIENCE STORE
(130 B5) (*K4*)
All'interno di un edificio neoclassico di sei piani, l'Apivita, la famosa azienda greca di cosmetici naturali, offre un vasto assortimento di articoli per uomo e donna. Alla struttura sono annessi un salone di bellezza e un parrucchiere. *Odós Sólonos 6 | Kolonáki | www.apivita.com/apivita-experience-store*

! MASTÍHA SHOP (130 B5) (*K4*)
Il negozio offre una vasta gamma di prodotti a base di mastica di Chio, una resina estratta dalla radice del lentisco che viene coltivata solo su quest'isola. Qui

si vendono dai cosmetici ai liquori, dai dolciumi alla gomma da masticare, passando per olii, marmellate e tanto altro. *Odós Panepistimíou 6/Odós Kriezótou | Kolonáki | www.mastihashop.com/it*

PERÍ LÉSVOU (126 C2) *(H3)*
L'isola di Lesbo offre tutta una serie di prodotti derivanti dalla coltivazione biologica dell'ulivo: olio, frutta, saponi e cosmetici. Da qui, inoltre, provengono le marche greche più famose in materia di ouzo, tra le quali la "Plomari" e la "Barbagiannis", che impiegano prodotti esclusivamente naturali. *Odós Athínas 27 | Psirrí*

SCARPE

GIÁNNA KAZÁKOU (130 B5) *(K3)*
Questo negozio propone calzature stravaganti, ma che vale la pena provare. Qui troverete più di 200 griffe provenienti da ogni parte del mondo. I modelli sono uno più estremo dell'altro, ma accessibili a tutti. O perlomeno a chi abbia quel pizzico di coraggio che ci vuole per indossarli. *Odós Ermoú 2 | Monastiráki | www.giannakazakou.gr*

KALÓGYROU (130 C5) *(K4)*
Se nel vostro budget di spesa rientra anche un paio di scarpe da €1000, allora questo è il locale che fa per voi. Qui troverete un vasto assortimento di griffe di altissimo livello. *Platía Kolonáki/Odós Patr. Ioakím | Kolonáki | www.kalogirou.com*

TRUE STORY (133 F2) *(J5)*
Lo stilista francese Christian Louboutin ha fatto furore in tutto il mondo con le sue scarpe dalle suole e i tacchi rossi. Il suo collega Aléxis Mántas ha reinterpretato questa idea alla greca, colorando le suole dei suoi sandali dell'azzurro dell'Egeo. La collezione è stata intitolata *Kyma* ("onda") e ciascun modello prende il nome da una delle varie isole greche. *Odós Makrigiánni 33 | Makrigiánni | www.kymasandals.com*

! TSAKÍRIS MÁLLAS
(127 E3) *(J4)*
Questo negozio non tratta articoli banali, ma calzature e borse, vistose o eleganti, tutte caratterizzate da un design esclusivamente greco. Una cosa è certa: oggetti come questi non li troverete da nessun'altra parte. *Odós Ermoú 14 | Monastiráki | www.tsakirismallas.gr/en*

SPECIALITÀ LOCALI

KOSTARÉLOS (130 C5) *(L4)*
Qui troverete prodotti di altissima qualità come formaggi, salsicce e tante altre prelibatezze provenienti da ogni angolo della Grecia. Il Kostarélos si presta anche a party d'alto livello. *Odós Patriárchou Ioakím 30-32 | Kolonáki | www.kostarelos.gr/en*

LOW BUDG€T

Chi è in cerca di occasioni, troverà sicuramente qualcosa che fa al caso suo alle bancarelle dei venditori ambulanti lungo *Odós Athínas* **(126 C1-2)** ***(H3-4)***. Orologi, attrezzi vari, binocoli russi, bigiotteria e occhiali alla moda, tutti estremamente economici.

Ad Atene, ogni domenica mattina, si tiene un grande mercato delle pulci tra le stazioni della metro di *Piraeus* e *Néo Faliró* **(136-137 C-D2)** ***(O)***. Chi sa contrattare alla greca, riuscirà sicuramente a trovare qualche buona occasione.

DI SERA

> **CITY INIZIAMO DA...**
> La **Pláka** è il quartiere dei locali che propongono spettacoli folcloristici. Potrete raggiungerlo dalle stazioni di Syntagma e Monastiráki. Da qui si arriva anche a **Psirrí**, il quartiere più alla moda con i suoi numerosi ristoranti, club e discoteche di tendenza. Un altro quartiere trendy è **Gázi**, che si raggiunge con la linea 3 della metro fino a Kerameikós, e infine c'è **Thisío**, la zona dei bar e delle caffetterie con l'omonima stazione della metropolitana (linea 1). Le discoteche e i locali più grandi sulla costa del **Golfo Saronico** si raggiungono invece con il tram.

Ad Atene le serate sono tutte diverse l'una dall'altra: troverete sempre qualcosa di interessante da fare. La capitale è infatti una fonte inesauribile di possibilità, dalla cultura al cinema, dalle bevute al rock, al sirtaki e al jazz.

Gli scenari principali della movida notturna ateniese sono i quartieri di Psirrí, Thisío, Gázi ed Exarchía. Gli amanti della tranquillità preferiscono invece frequentare un cinema all'aperto o uno degli oltre 100 teatri cittadini, oppure scelgono di assistere a un *bouát,* il cabaret alla greca, dove si ascoltano canzoni tipiche nazionali accompagnate al pianoforte o alla chitarra. Dal punto di vista culturale, una delle maggiori attrazioni di Atene è la moderna sala concerti, dove i turisti possono assistere a spettacoli di danza in abiti tradizionali.

In foto: un bar nel quartiere di Gázi

Per i nottambuli, il momento ideale è sicuramente il periodo estivo, quando la movida notturna si riversa in strada

BOUZOUKIA

In Grecia, quando si vuole festeggiare qualcosa, in genere ci si reca in una *bouzoukia* in compagnia di amici. Qui il drink più gettonato è il whisky, che di norma si ordina in bottiglia (a partire da €90). Spesso c'è un gruppo di cantanti che intona musica greca a squarciagola. Chi vuole ballare, sceglie una canzone e viene attorniato dagli amici che lo incitano a danzare, lanciandogli fiori e tovagliolini di carta davanti ai piedi. Questa è la prassi, ma non è detto che tutte le serate vadano in questo modo. Ci sono volte, infatti, in cui regna il silenzio assoluto, altre in cui invece non rimane neanche un centimetro di pista libera per ballare. Difficilmente accade qualcosa prima delle 23. In piena estate la maggior parte di questi locali chiude: in alta stagione, infatti, i cantanti preferiscono esibirsi sulle isole. Ai turisti che intendono scoprire questi locali tipici si consiglia di farsi accompagnare da amici greci. Saranno loro a indicarvi dove e quando potete unirvi alle danze, o se è meglio evitare, perché in queste situazioni non sempre gli stranieri sono i benvenuti.

KÉNTRO ATHINÓN (128 B6) (*F4*)
Una rinomata bouzoukia nei pressi del centro, in cui spesso si esibiscono star della musica greca d'intrattenimento. *Ott-giu ven-sab dalle 22.30 | Leofóros Piréos 142 | Pétrou Rálli*

CINE AEGLI (134 B3) (*K5*)
Storico cinema all'interno di un parco vicinissimo allo *Zappeion*. Si può scegliere se sedersi a un tavolino o nelle varie file di posti. *Ingresso da Leofóros Vasilíssis Ólgas | www.aeglizappiou.gr/cine_uk.html*

CINE PARIS ★ (127 E5) (*J4*)
Un cinema su una terrazza-giardino con splendido affaccio sulla Pláka e l'Acropoli.

La scena musicale notturna di Atene: si balla e si beve sotto lampadari a LED

CINEMA ALL'APERTO

Ad Atene, i cinema all'aperto si trovano spesso seminascosti nei meandri del centro storico. In compenso però dispongono di splendidi giardini e di bar dove si può degustare una birra o una limonata, rigorosamente servite con le patatine fritte della casa. Alcuni di questi cinema sono talmente interessanti dal punto di vista estetico, che i film che vi vengono proiettati spesso passano in secondo piano. Le proiezioni (solitamente due per sera) cominciano perlopiù subito dopo il tramonto.

I film proiettati sono in lingua inglese con sottotitoli in greco. Al pianoterra si possono acquistare foto di scena o ristampe di vecchi manifesti cinematografici greci. *Odós Kidathinéon 22 | Pláka | www.cineparis.gr*

CLUB

Ad Atene, tra i protagonisti della vita notturna, ci sono anche i buttafuori. In genere si piazzano davanti all'ingresso di un club o di una discoteca con in mano le chilometriche liste dei nominativi di chi ha prenotato telefonicamente o tramite internet. In altre parole, non si può entrare senza prenotazione. Il prezzo d'ingresso di norma oscilla tra i €10 e i €20, prima consumazione inclusa.

! AKROTÍRI BOUTIQUE (0) (*0*)
Negli ultimi anni, questa discoteca sul mare è diventata la meta preferita dei nottambuli e dei festaioli ateniesi. Qui le serate cominciano generalmente con musica commerciale e si concludono alle prime luci dell'alba con canzoni greche tradizionali. Il calendario settimanale degli eventi è riportato (tavolta anche in inglese) sul sito della discoteca. Si balla sotto le stelle e la fermata del tram è proprio davanti all'ingresso. *23-4 (mag-ott fino alle 6) | ingresso €20 consumazione alcolica inclusa | Odós Vasileós Georgíou 5 | www.akrotirilounge.gr | tram 2: Ágios Kosmás*

LOHAN CLUB (128 B3) (*F2*)
L'attrice hollywoodiana, nonché modella e icona del pop, Lindsay Lohan, è diventata la comproprietaria di un mega club che attrae molte stelle del jet set internazionale, grazie anche alle ampie sale vip di cui dispone. La discoteca è un ex capannone, la cui struttura è stata ridisegnata ispirandosi a una sorta di barocco industriale. A quanto pare, anche miss Lohan e il suo seguito amano farvi una capatina ogni tanto. *Tutti i giorni dalle 23 | Ierá Odós | Gázi | www.lohanathens.com | metro L3: Kerameikós*

COCKTAIL BAR

BABA AU RUM (127 D2) (*J4*)
È un locale piccolo, senza grosse pretese, ma in compenso propone dei cocktail d'alto livello. Sul menu, accanto ai pochi classici, troverete drink della casa a prezzi tutto sommato convenienti. *Set-lug dom-ven 19-3, sab 13-4 | Odós Klitióu 6 | Emborikó Trígono | babaaurum.com*

! CLUMSIES (127 E1) (*J3*)
Qui non dovete aspettarvi l'Aperol Spritz! Níkos e Vassílis, i titolari del Clumsies, hanno creato una serie di spritz a base di liquori e vini greci. Anche il menu degustazione è originale: tra le 18 e le 22, con soli €20, potrete gustare fino a quattro mezzi cocktail. *Mar-dom 10-2 | Odós Praxitélous 30 | Emborikó Trígono | www.theclumsies.gr*

CONCERTI

Ad Atene c'è un concerto quasi ogni giorno dell'anno. Appuntamento fisso è la musica classica; mentre i luoghi dove si esibiscono le star internazionali del rock e del pop cambiano continuamente.

! AN CLUB (130 A3) (*J2*)
L'An Club è molto amato dagli ateniesi alternativi. Il locale propone soprattutto musica post rock, metal, industrial e hip hop. È frequentato sia da greci che da stranieri. *I concerti iniziano di solito*

LE SCELTE MARCO POLO

★ **Cine Paris**
Cinema in terrazza con affaccio sull'Acropoli → p82

★ **Mégaro Mousikís Athinón**
In questa sala concerti supermoderna si esibiscono anche star internazionali → p84

★ **Dóra Strátou**
Balli folcloristici in autentici costumi tradizionali → p84

★ **Teatro nazionale dell'Opera**
Assistere a uno spettacolo in questo teatro è un'esperienza unica anche per chi non conosce la lingua greca → p87

Il Mégaro Mousikís Athinón è un vero e proprio tempio moderno della musica classica

intorno alle 21-22 | ingresso €5-25 | Odós Solomoú 13-15 | www.anclub.gr | metro L1, L2: Omónia

! GAGARIN 205 (129 E1) (*H1*)
In questa ampia sala concerti dotata di oltre 600 posti a sedere e più di 1200 in piedi, si esibiscono prevalentemente star del rock e del metal. Gli eventi coprono quasi tutto l'anno. Qui al Gagarin 205 hanno suonato, tra gli altri, gruppi del calibro degli Schiller, dei Children of Bodom o The Crazy World of Arthur Brown. La struttura organizza inoltre festival cinematografici alternativi come il "Greek Cult Film Festival" e il "Berlin Porn Film Festival". *Odós Liossíon 203-205 | www.gagarin205.gr | metro L1, L2: Attikí*

KYTTÁRO (129 E2) (*H1*)
Una sala concerti per musica rock rivisitata alla greca. Il Kyttáro ricorda molto il Fillmore Auditorium americano o i britannici Marquee Club e l'UFO. A maggio la struttura ospita persino un festival della musica gitana. *Ingresso €10-15 | Odós Ípirou 48/Odós Achárnon | www.kyttarolive.gr | metro L2: Larísis*

MÉGARO MOUSIKÍS ATHINÓN ★ ●
(131 E4) (*M3*)
In questa moderna sala concerti si organizzano serate di musica classica da ottobre a giugno. Il calendario prevede, tra l'altro, concerti con importanti orchestre filarmoniche, nonché spettacoli di opera e balletti. La sala, che dista solo 150 m dalla stazione della metropolitana di Mégaro Mousikís, dispone di un ristorante e di un fornitissimo negozio di articoli musicali che seguono gli orari degli spettacoli. *Prevendita: lun-ven 10-18, sab 10-14 | Leofóros Vasilíssis Sofías | i biglietti si possono acquistare anche alla biglietteria di Odós Omiroú 8 (lun-ven 10-16) | tel 21 07 28 23 33 | online tramite carta di credito: www.megaro.gr*

DANZE FOLCLORISTICHE

DÓRA STRÁTOU ★ (133 D2) (*G5*)
Il gruppo folcloristico del Dóra Strátou è sicuramente il numero uno in Grecia per quanto riguarda le danze tradizionali, che di solito vengono rappresentate all'aperto. Ogni singolo membro della compagnia si esibisce in autentici abiti d'epoca provenienti da ogni regione del

paese. *Fine mag-set mar-ven 21.30, sab-dom 20.30 | Teatro di Filopappo | Odós Antéou | www.grdance.org/en*

ELLINÁDIKA

Ai giovani ateniesi piace ogni tipo di musica interpretata in chiave greca. I locali che offrono questo tipo di intrattenimento sono grandi, i prezzi accessibili e l'atmosfera è fantastica!

STAVRÓS TOU NÓTOU (0) *(0)*
Qui si suona prevalentemente musica greca su tre palchi diversi, a cui si accede da ingressi separati. In genere lo stesso programma settimanale degli eventi resta invariato per diversi mesi. Chi prenota un tavolo non paga l'ingresso, gli altri invece tra i €10 e i €20. *I concerti in genere iniziano intorno alle 21-22 | consumazione minima per 2 persone: una bottiglia di vino da €70 | Odós Tharípou 37 | www.stn.gr | metro L2: Néos Kósmos*

VOX (128 C4) *(G3)*
Questo locale, dopo la mezzanotte, diventa spesso il punto d'incontro dei nottambuli ateniesi che intendono festeggiare a oltranza al ritmo della musica greca. Talvolta si balla anche sui tavoli e sulle sedie. Una bottiglia di whisky per 4 persone parte da €150. *Ven-sab 23.30-5.30 | Odós Ierá 16 | Gázi*

ENOTECHE

BRETTOS ● (127 E5) *(J4)*
In questa tipica enoteca greca, con pareti abbellite da bottiglie variopinte, si riuniscono turisti da ogni parte del mondo. Vi consigliamo di provare l'ouzo spillato direttamente dalla botte o il liquore di mastica proveniente dall'isola di Chio. *Tutti i giorni 10-24 | Odós Kidathinéon 41 | Pláka | www.facebook.com/brettos.plaka*

MIKE'S IRISH BAR (131 F3) *(N2)*
La clientela di questo locale non è composta solo da inglesi, irlandesi, australiani o americani che vivono ad Atene, ma da tutti gli anglofili, tra cui anche greci che parlano molto bene l'inglese. Così anche chi non conosce la lingua greca ha la possibilità di familiarizzare con la gente del posto. Qui si gioca a freccette o si guardano eventi sportivi su maxischermi. C'è musica dal vivo quasi ogni sera. *Tutti i giorni dalle 20 | Odós Sinópis 6 | all'interno dell'Athens Tower | www.mikesirishbar.com | metro L3: Evangelismós*

VINTAGE (127 D3) *(H4)*
Questo locale è unico nel suo genere: propone 300 tipi di vini diversi serviti esclusivamente in calice. Inoltre, per accompagnare al meglio la degustazione, il Vintage serve tapas alla greca o taglieri di salumi e formaggi. *Odós Mitropóleos 66-68 | Monastiráki | www.vintagewinebistro.com*

LOW BUDG€T

Al *Teatro nazionale dell'Opera* *(→ p87)*, gli amanti dell'opera e dell'operetta con meno di 27 anni possono acquistare qualsiasi tipo di biglietto a soli €15, 20 minuti prima dell'inizio degli spettacoli in programma, sempre che non siano già tutti esauriti.

Dalla domenica al giovedì, l'ingresso in discoteca costa la metà rispetto al venerdì o al sabato. Questo vi farà risparmiare almeno €5. Per informazioni, si consulti la rivista *Athinorama* dedicata a eventi e spettacoli.

JAZZ CLUB

HALF NOTE (134 B2) *(🕮 J6)*
Questo rinomato jazz club propone concerti dal vivo tutte le sere, tra ottobre e aprile. *Inizio concerti lun-sab 22.30, dom 20.30 | ingresso con posto al bar €10, a tavola il prezzo è maggiorato | Odós Trivoniánou 17 | accanto all'ingresso principale del cimitero A | www.halfnote.gr*

REBETIKO

Il cosiddetto "blues greco" è originario delle comunità greche dell'Asia Minore. Divenne famoso soprattutto dopo l'espulsione dei greci dalla Turchia nel 1922, quando ad Atene sorsero, nei quartieri dei rifugiati, un gran numero di orchestre di rebetiko che finirono per dominare la scena musicale della capitale fino alla seconda guerra mondiale.

Nei locali di questo tipo capita che i clienti siano invitati a ballare, ma non è una regola fissa. In teoria, i turisti stranieri dovrebbero unirsi alle danze solo se invitati (e questo in genere succede a notte fonda). I prezzi sono relativamente alti, circa €35 a persona per vino e stuzzichini.

! PALIÁ MARKÍZA (134 C3) *(🕮 L5-6)*
Locale di rebetiko con il fascino dell'antica Atene. *Ven-sab dalle 21, dom 13-18 | Odós Próklou 41 | Platía Varnáva | Pangráti*

TAVERNE MUSICALI

La taverna musicale è una via di mezzo (anche dal punto di vista dei prezzi) tra una comune taverna e una *bouzoukia*. È comunque il luogo ideale, soprattutto per i turisti stranieri, per ascoltare musica greca e godere appieno dell'atmosfera tipica del posto. I locali più turistici si trovano nel

LIBRI E FILM

Il prezzo dei soldi – Avvincente come i precedenti, l'ultimo giallo dello scrittore ateniese Pétros Makáris racconta come sempre le indagini del commissario Kostas Charitos, definito dalla critica "il Montalbano di Atene", con la corrotta e caotica capitale sullo sfondo. La crisi economica in Grecia sembra superata e il commissario questa volta si trova a indagare sull'assassinio di un funzionario dell'Ente del turismo implicato in numerosi illeciti (La nave di Teseo 2017).

Aristotele detective. I primi casi – I primi tre romanzi della scrittrice inglese Margaret Doody con Aristotele detective, raccolti in un unico volume. La filosofia come strumento di indagine criminale e una ricostruzione della vita nell'antica Atene (Sellerio 2010).

Mai di domenica – Film classico del 1960 con Melina Mercouri e l'attore-regista Jules Dassin. Ambientato nel Pireo, narra la storia di un turista americano che tenta di condurre una prostituta greca sulla retta via.

Akadimia Platonos – Commedia del regista Filíppos Tsítos, che narra la vita di un piccolo commerciante ateniese e dei suoi amici greci e albanesi. L'attore protagonista, Antónis Kafetzópoulos, ha vinto il Pardo d'argento al Festival di Locarno per la migliore interpretazione maschile (2009).

Il Licabetto, la location ideale per i concerti rock

quartiere della Pláka, in particolare lungo Odós Mnisikléous. In genere gli spettacoli cominciano a partire dalle 20.

PALIÁ TAVÉRNA KRITIKOÚ (127 D4) (*H4*)
Questa taverna propone dell'ottimo intrattenimento in sale finemente decorate; d'estate mette a disposizione della clientela anche una bella terrazza-giardino. *Odós Mnisikléous 24 | Pláka | www.paliatavernakritikou.gr*

! PÁME PSIRRÍ (129 E5) (*H3*)
In questa taverna musicale, la clientela è prevalentemente greca e quindi vi si respira un'atmosfera molto autentica. *Odós Katsikogiánni 5 | www.pamepsirri.gr*

TEATRO

Ad Atene ci sono più di 140 teatri che propongono tutto il meglio del repertorio teatrale internazionale. Gli spettacoli sono quasi esclusivamente in greco moderno, ma a volte può capitare di assistere a tragedie in greco antico. La stagione teatrale va da ottobre ad aprile; d'estate in genere entrano in funzione i teatri all'aperto e i festival.

ETHNIKÓ THÉATRO (129 E3) (*H2*)
Il Teatro nazionale dispone di tre palcoscenici dedicati esclusivamente alla prosa. Durante il fine settimana, i drammi sono spesso sottotitolati in inglese. I biglietti si possono acquistare online, sul sito del teatro. *Odós Ag. Konstantínou 22 | tel 210 33 01 880 | www.n-t.gr/en | metro L1, L2: Omónia*

TEATRO NAZIONALE DELL'OPERA ★
(139 E3) (*O*)
Il Teatro nazionale dell'Opera ha cambiato sede nel 2017. Attualmente si trova in un edificio progettato da Renzo Piano, cosa che già di per sé vale il prezzo del biglietto. Il teatro propone spettacoli di opera, operetta e balletto. I biglietti sono acquistabili anche online. *Odós Leofóros Syngroú | tel 213 08 85 700 | www.nationalopera.gr/en | tram 3, 4: Delta Falirou*

DOVE DORMIRE

Immaginate per un attimo di trovarvi affacciati alla finestra o seduti in un balconcino ad ammirare l'Acropoli. Lo spettacolo di luci offerto dalla "rupe degli dèi" sarà un'esperienza che probabilmente non dimenticherete mai.

Ad Atene sono molti gli alberghi che dispongono di terrazze con bar o ristorante, a volte persino con piscina e idromassaggio, con affaccio sull'Acropoli.

In una città caotica come la capitale greca, un importante criterio da adottare nella scelta di una sistemazione è sicuramente la posizione. Quasi tutte le attrazioni turistiche si concentrano nella zona delimitata dall'Acropoli e le piazze Monastiráki, Omónia e Syntagma, dove tutto è raggiungibile comodamente a piedi. L'attrattiva principale di Atene, specie nelle ore diurne e in prima serata, è sicuramente il quartiere della Pláka, nel centro storico. Chi decide di prenotare un albergo qui ha la possibilità di vivere direttamente nel cuore della città e a prezzi accessibili. A tarda sera, la scena si sposta invece nei quartieri alla moda di Psirrí, Thisío e, in particolare, Gázi. Da queste parti, il punto più comodo dove trovare un albergo è sicuramente piazza Monastiráki.

In piena estate, si potrebbe anche optare per un albergo a due passi dal mare. Ad Atene, l'offerta di questo tipo è ampia; alcune di queste sistemazioni dispongono di trattorie annesse la cui specialità sono i piatti di pesce. C'è un unico neo: per tornare in centro bisogna mettere in preventivo una quarantina di minuti in tram.

In foto: il foyer dell'hotel Eléctra Palace

Anche ad Atene si possono trovare sistemazioni tranquille: la posizione è il criterio più importante nella scelta dell'albergo

Atene è una città attenta al design, anche nel settore alberghiero. Sebbene non tutti gli hotel eccellano in eleganza, vanno comunque premiati per lo stile moderno e, in particolare, per la vivacità dei colori e il lighting design. Un altro importante elemento che caratterizza gli alberghi ateniesi è il "retrò chic", ma chi non riesce a provvedere alle necessarie ristrutturazioni, non fa comunque mai mancare ospitalità e cordialità. Con il tempo un po' tutti gli albergatori greci si sono dovuti adeguare alle nuove tecnologie, offrendo ai propri clienti la connessione wi-fi gratuita, nonché la possibilità di effettuare le prenotazioni e i check-in online.

I prezzi per dormire possono essere molto bassi (€12 a notte), o da capogiro, a seconda della situazione. In genere oscillano molto, nel senso che possono variare anche da un giorno all'altro. Per farsi un'idea conviene consultare i vari portali di prenotazione online. La maggior parte degli alberghi ateniesi ad esempio è collegata a *www.booking.com*, ma ci sono anche altri siti.

ALBERGHI €€€

ELÉCTRA METRÓPOLIS (127 E3) (*J4*)
In questo hotel potrete fare il carico di storia: dormirete infatti nell'ex edificio del Ministero della Pubblica istruzione. Dalle finestre del foyer potrete ammirare i resti dell'antica Atene, mentre nell'atrio sarete incantati dal dipinto monumentale del famoso pittore greco Alékos Fassianós, che raffigura una serie di colombe della pace. Dalla terrazza-giardino o dalla piscina all'ultimo piano godrete infine di un meraviglioso panorama che farà spaziare il vostro sguardo dal centro storico fino all'Acropoli. Gli interni sono in stile retrò chic. La posizione è centralissima. *216 camere | Odós Mitropóleos 15 | tel 214 10 06 200 | www.electrahotels.gr | metro L2, L3: Syntagma*

ELÉCTRA PALACE ★
(127 E4) (*J4*)
Ad Atene, di alberghi a 5 stelle ce ne sono tanti, ma l'Eléctra Palace è l'unico a trovarsi nel cuore della Pláka e quindi a offrire una delle migliori viste panoramiche sulla città. L'albergo è dotato di ristorante e piscina in terrazza, di stanze ai piani superiori con affaccio sull'Acropoli, nonché di sala fitness e centro spa. *147 camere | Odós Nikodímou 18 | tel 210 33 70 000 | www.electrahotels.gr | metro L2, L3: Syntagma*

La hall del lussuosissimo hotel Grande Bretagne unisce eleganza e tradizione

GRANDE BRETAGNE (130 A5) (*J4*)
Per gli ospiti di questo albergo di gran lusso, i prezzi non sono una preoccupazione. L'hotel in stile neoclassico si trova di fronte alla sede del parlamento e talvolta ospita capi di stato e star del cinema. L'edificio venne costruito nel 1862 come foresteria del re, e solo nel 1872 divenne un vero e proprio albergo. Al Grande Bretagne, l'elegante spa e i sette punti ristoro, tra bar, caffetterie e ristoranti sono aperti a tutti. *I prezzi partono da €350 | 321 camere e suite | Platía Syntagmátos | tel 210 33 30 000 | www.grandebretagne.gr | metro L2, L3: Syntagma*

POSEIDON ★ (139 E4) *(🗺 0)*
Nonostante si trovi nei pressi di un litorale molto trafficato, il Poseidon dispone di una spiaggia privata e di una bella taverna a due passi dal mare. Dal bar panoramico sulla terrazza dell'albergo, potrete godere di una splendida vista sul Pireo e sull'Egeo. Molto comoda è la fermata del tram proprio davanti all'ingresso, che permette di raggiungere la città in una quarantina di minuti. *89 camere | Leofóros Possidónos 72 | Paléo Faliró | tel 210 98 72 000 | www.poseidonhotel.com.gr | navetta dall'aeroporto X96 | tram 3, 5: Edem*

ALBERGHI €€

A FOR ATHENS ★ (133 C2) *(🗺 H4)*
Vicinissimo ai quartieri alla moda di Psirrí, Thisío e Gázi, dispone di un bar panoramico in terrazza, dove esperti baristi vi prepareranno i miglior cocktail della città. Le camere sono moderne, semplici ed essenziali. Chi vuole risparmiare, può prenotare una stanza con vista sugli edifici limitrofi. Se invece volete ammirare la città dalla finestra, prenotate una camera con vista panoramica. *35 camere | Odós Miaoúli 2/Platía Monastiráki | tel 210 32 44 244 | www.aforathens.com | metro L3: Monastiráki*

ATHENS LA STRADA ★ (127 E3) *(🗺 J4)*
Questo albergo un po' estremo è caratterizzato da colori sgargianti e da insolite installazioni luminose. Questo stile caratterizza non solo il bar in terrazza o la hall, ma anche le camere che hanno una metratura minima di 25 m^2. Le stanze dispongono di pavimenti a specchio, mentre le finestre a doppi vetri non lasciano passare il minimo rumore dall'esterno. *16 camere | Odós Petráki 26 | tel 210 33 14 782 | www.athenslastrada.com | metro L2, L3: Syntagma*

! ATHENS TIARE (129 F6) *(🗺 H2)*
Questo albergo si trova a due passi dalla stazione Omónia. Il design è moderno, interessanti le grandi finestre che vanno dal pavimento al soffitto offrendo un bell'affaccio sui due punti più importanti della città: la Pláka, raggiungibile in 15 minuti a piedi, con il mercato coperto appena più in là, e il quartiere studentesco dell'Exarchía, che si trova proprio dietro l'angolo. *123 camere | Odós Panagí Tsaldári 2 | tel 210 52 00 300 | www.athenstiarehotel.com | metro L1, L2: Omónia*

CENTRAL (127 E3) *(🗺 J4)*
Il top di questo albergo nel centro storico sono senza dubbio le ! vasche

LE SCELTE MARCO POLO

★ Eléctra Palace
L'unico albergo a 5 stelle nel centro storico di Atene, con piscina in terrazza → p90

★ Poseidon
Hotel a due passi dal mare e dalla spiaggia con fermata del tram direttamente davanti all'ingresso → p91

★ A for Athens
Meta ideale per i nottambuli, cocktail d'alto livello e uno splendido affaccio sull'Acropoli → p91

★ Athens La Strada
Colori vistosi e superbo lighting design per una clientela dai gusti un po' estremi → p91

★ Ramnoús
Questo campeggio è l'ideale per chi vuole farsi un bagno a due passi dalla metropoli → p95

idromassaggio aperte da maggio a ottobre, che si trovano in terrazza accanto al bar. Da qui potrete ammirare l'Acropoli, standovene comodamente sdraiati! Le camere sono piuttosto piccole e ammobiliate in stile neoclassico; eccezionale è l'ubicazione nel cuore della Pláka. *84 camere | Odós Apóllonos 21 | tel 210 32 34 357 | www.centralhotel.gr | metro L2, L3: Syntagma*

LOTUS CENTER (126 C2) *(H4)*
Il pezzo forte di questo piccolo albergo sono i materassi prodotti dal famoso brand greco Coco Mat. Il Lotus Center dispone di appartamenti moderni che possono ospitare fino a sei persone, nonché di un lounge bar sulla terrazza-giardino. *10 appartamenti | Odós Ermoú 95 | tel 210 32 50 242 | www.lotuscenter.gr | metro L3: Monastiráki*

SISTEMAZIONI INSOLITE

La tradizione incontra il design (127 E6) ***(J5)***
All'*Athens was* il tentativo di combinare uno stile moderno con gli elementi della tradizione greca è perfettamente riuscito. Gli interni sono caratterizzati da marmi greci e mobili in legno di noce. L'albergo presenta poltrone, sedie e divani anni '20, firmati da designer del calibro di Le Corbusier ed Eileen Gray. Non manca però il contributo di artisti moderni come Toshiyuki Kita o i Bouroullec: notevoli sono le poltrone firmate dal primo, così come le lampade progettate dai fratelli bretoni. Uno splendido e ravvicinatissimo affaccio sull'Acropoli è offerto dalle verande di alcune camere, nonché dal bar sulla terrazza-giardino dell'edificio. La posizione è ideale: la Pláka infatti si trova a soli 3 minuti a piedi. *21 camere | Odós Dion. Areopagítos 5 | tel 210 92 49 954 | www.athenswas.gr | metro L2: Akrópoli |* **€€€**

Vivere ad Atene (126 B1) ***(H3)***
Gli appartamenti del ! *Live in Athens* si trovano nel cuore di Psirrí, il quartiere notturno più trendy di Atene. Si tratta di locali che vanno dai 22 ai 55 m^2 gestiti da quattro simpatici ragazzi che sapranno dirvi tutto a proposito della movida della capitale. Gli ambienti sono minimalisti e dominati dal bianco; gli appartamenti presentano cucine componibili con forni a microonde e macchine da caffè. In un appartamento c'è persino un pianoforte. Le sistemazioni sono per gruppi fino a 6 persone. *11 appartamenti | Odós Agíon Anárgiron 5 | tel 211 40 10 924 | www.liveinathens.net |* **€-€€**

All'insegna dello stile (129 E4) ***(H3)***
Il *Fresh* è uno dei primi boutique hotel sorti ad Atene, ubicato in un quartiere che in passato era abitato da immigrati asiatici. L'albergo ha di certo contribuito alla riqualificazione e al rinnovamento della zona, e l'atmosfera che vi si respira è molto tranquilla. Nella piccola piscina in terrazza si possono prenotare sedute di yoga (al costo di €20), mentre nella hall si trovano biciclette a noleggio. Con il suo "Art Wall Project", inoltre, l'hotel ospita esposizioni di arte contemporanea. Anche il design qui è di casa: vi domina un certo minimalismo ma dai colori accesi. *133 camere | Odós Sofokléous 26 | tel 210 52 48 511 | www.freshhotel.gr | metro L1, L2: Omónia |* **€-€€**

Nomen est omen: l'hotel a quattro stelle Titania dispone di quasi 400 camere!

O&B ATHENS (126 B2) *(🗺 H3)*
Il punto di forza di questo piccolo boutique hotel nel quartiere di Psirrí è sicuramente la cordialità. I colori predominanti degli interni sono l'ocra e il marrone; le camere sono moderne e funzionali. *14 camere | Odós Leokoríou 7 | tel 210 33 12 940 | www.oandbhotel.com | metro L1: Thisío*

PHIDÍAS (129 D6) *(🗺 G4)*
Qui non troverete nulla a ostacolare la vista sull'Acropoli. Ad Atene, infatti, non esistono altri alberghi capaci di offrire una veduta panoramica sulla "rupe degli dèi" migliore di questa. Il prezzo della sistemazione è determinato principalmente dalla posizione, le camere infatti lasciano un po' a desiderare. Ma niente paura: una volta che vi affaccerete al balcone con un calice di vino in mano, sotto il cielo stellato di Atene, dimenticherete immediatamente qualsiasi mancanza. *15 camere | Odós Apóstolou Pávlou 39 | tel 210 34 59 511 | www.phidias.gr | metro L1: Thisío*

SWEET HOME (127 E3) *(🗺 J4)*
Albergo relativamente nuovo ubicato nel quartiere della Pláka. Lo stile è un po' retrò, ma il servizio è buono e alcune camere offrono un affaccio parziale sull'Acropoli. La struttura dispone inoltre di un parcheggio privato per chi viaggia in auto. *8 camere | Odós Patróou 5 | tel 210 32 29 029 | www.sweethomehotel.gr | metro L2, L3: Syntagma*

TITANIA (130 A4) *(🗺 J3)*
Grand hotel moderno situato tra piazza Syntagma e piazza Omónia, dotato di ristorante in terrazza e ampio parcheggio. *398 camere | Leofóros Panepistimíou 52 | tel 210 33 26 000 | www.titania.gr | metro L1, L2: Omónia*

ALBERGHI €

ACRÓPOLIS HOUSE (127 E4) *(🗺 J4)*
Se desiderate alloggiare in un ambiente familiare, questa pensione nel quartiere della Pláka, gestita dalla famiglia Chou-

Dalla terrazza in cima all'hotel Áttalos si gode di una magnifica vista sull'Acropoli

daláki, farà sicuramente al caso vostro. In mezzo a tappezzerie con motivi floreali, vi sentirete come a casa di una vecchia zia. Manca l'ascensore, ma in compenso sarete accolti con grande calore. *19 camere | Odós Kondroú 6-8 | tel 210 32 26 241 | www.acropolishouse.gr | metro L2, L3: Syntagma*

ADÓNIS (127 E4) (*J4*)

Piccolo e tranquillo albergo nel centro storico, nei pressi di piazza Syntagma. Alcune stanze dispongono di un grande balcone; la camera 304, ideale per le famiglie, consiste di due doppie con bagno e terrazza in comune, dove si può fare colazione ammirando l'Acropoli e il Licabetto. *28 camere | Odós Kódrou 3 | tel 210 32 49 737 | www.hotel-adonis.gr | metro L2, L3: Syntagma*

ATHENS ART HOTEL (129 F3) (*H2*)

Questo hotel presenta una facciata esterna in stile neoclassico, risalente agli anni '30; gli interni invece sono moderni e di buon gusto. Situato tra piazza Omónia e il Museo Archeologico Nazionale, non è l'ideale per i nottambuli, ma per chi ama riposarsi dopo un'intera giornata trascorsa in giro per la città. *30 camere | Odós Márni 27 | tel 210 52 40 501 | www.arthotelathens.gr | metro L1, L2: Omónia*

ÁTTALOS (126 C2) (*H3*)

L'Áttalos si trova nel cuore dalla città e in particolare tra piazza Monastiráki e il mercato coperto. Le camere dispongono di climatizzatori e finestre insonorizzate. La terrazza dell'albergo offre un ottimo affaccio sull'Acropoli e sul Licabetto. L'atmosfera è ospitale e il servizio più che buono. *80 camere | Odós Athínas 29 | tel 210 32 12 801 | www.attaloshotel.com | metro L1, L2: Omónia*

BYRON (127 E5) (*J5*)

Le camere sono molto semplici, in compenso però la posizione è decisamente centrale e la piccola e graziosa terrazza-giardino offre la possibilità di fare colazione con vista sull'Acropoli. Ogni mattina alle otto si può ascoltare l'inno nazionale greco in occasione dell'alzabandiera. *23 camere |*

Odós Virónos 19 | tel 210 32 30 327 | www.hotel-byron.gr | metro L2: Akrópoli

FÍVOS (126 C2) *(🗺 H4)*
Questo piccolo ostello dista solo una quarantina di metri dalla stazione della metropolitana di Monastiráki. Le camere sono tutte climatizzate, alcune offrono anche un bell'affaccio sull'Acropoli e la sala colazione dispone di pc con collegamento a internet. *14 camere | Odós Athínas 23 | tel 210 32 26 657 | www.hotelfivos.gr | metro L3: Monastiráki*

NEFÉLI (127 E4) *(🗺 J4)*
Questo albergo ubicato in una tranquilla stradina secondaria nel quartiere della Pláka è sicuramente l'ideale per chi non ha grosse pretese. Qui tutto è improntato alla semplicità, all'ordine e alla convenienza. *18 camere | Odós Iperídou 16 | tel 210 32 28 044 | www.hotel-nefeli.com | metro L2, L3: Syntagma*

! PHAEDRA (127 E5) *(🗺 J5)*
Un albergo semplice, le cui camere offrono lo stretto necessario, ma in compenso la posizione è centralissima (nel cuore della Pláka), la tranquillità è assicurata e i prezzi sono molto convenienti. *21 camere | Odós Cherefóndos 16/Odós Adrianoú | tel 210 32 38 461 | www.hotelphaedra.com | metro L2, L3: Syntagma*

CAMPEGGI

BACCHUS (139 F5) *(🗺 O)*
Aperto tutto l'anno, questo camping a 50 metri dal mare, si trova a una settantina di chilometri da Atene, in prossimità di Capo Sunio. La struttura dispone di 35 posti auto lungo la strada litoranea. Nel campeggio troverete inoltre un piccolo supermercato e un bar. È possibile noleggiare roulotte e tende. *Capo Sunio | tel 229 20 39 572 | www.campingbacchus.gr*

RAMNOÚS ★ (139 F3) *(🗺 O)*
Questo campeggio immerso nella natura a una quarantina di chilometri da Atene è aperto tutto l'anno e si trova a due passi dalla lunga spiaggia del Parco nazionale di Schiniás Maratona. Qui troverete un centro per sport acquatici e una comoda fermata degli autobus diretti ad Atene. La struttura dispone di 115 posti auto, bar-ristorante, tende e roulotte a noleggio. *Leofóros Poseidónos 174 | Schiniás | tel 229 40 55 855 | www.ramnous.gr*

LOW BUDG€T

L'ostello *Pélla Inn* **(126 B2)** ***(🗺 H4)*** *(21 camere | Odós Karaiskáki 1/Odós Ermoú 104 | tel 210 32 50 598 | www.booking.com | metro L3: Monastiráki)*, ubicato nel quartiere del mercato coperto, dispone di camere doppie e quadruple con o senza bagno. Un letto in una quadrupla viene a costare anche meno di €20 a notte. L'affaccio sull'Acropoli dalla terrazza-giardino dell'edificio è gratuito, e pagando un piccolo supplemento si può usufruire anche del servizio di deposito bagagli.

L'ostello *Student's and Travellers Inn* **(127 E4)** ***(🗺 J4)*** *(33 camere | Odós Kidathinéon 16 | tel 210 32 44 808 | www.studentravellersinn.com | metro L2, L3: Syntagma)* si trova nel cuore della Pláka. Il costo di un letto in una camerata da otto posti non supera i €12 a notte. Nel giardino annesso c'è un bar dov'è facile conoscere nuove persone e scambiare due chiacchiere. È possibile inoltre usufruire del servizio di deposito bagagli.

PASSEGGIATE IN CITTÀ

1 IL TOUR IDEALE

PARTENZA: ❶ **Piazza Omónia** **ARRIVO:** ⓭ **Páme Psirrí**	**1 giorno** 2 ore di cammino
Percorso: **6,5 km**	

COSTI: €35 a persona per gli ingressi.
COSA PORTARE: scarpe comode e borsa per gli acquisti.

ATTENZIONE: il biglietto cumulativo acquistato all'entrata dell'❺ **antica Agorà** è valido anche per l'accesso all'❼ **Acropoli** e al ❾ **Teatro di Dioniso**, nonché – se utilizzato entro 5 giorni – per gli ingressi alla Biblioteca di Adriano e all'Agorà romana *(→ tour 2)*.

In foto: piazza Monastiráki

Le città hanno mille volti. Per scoprirne i segreti, percorrere i tour più interessanti o rifugiarvi in tranquille aree verdi, per scegliere il locale adatto a voi o vivere le esperienze tipiche del luogo, seguite senza indugio i nostri consigli

Questo tour vi condurrà dapprima sull'Acropoli e poi in cima alla "rupe degli dèi". Potrete così respirare l'atmosfera dei quartieri del centro storico, nonché quella dell'animato mercato coperto e delle tre piazze più importanti di Atene. Il percorso vi permetterà inoltre di apprezzare la musica greca e di fare un po' di shopping.

09:00 Partendo da **1 piazza Omónia** → p46 con la sua stazione della metropolitana, **prendete Odós Athinás**, un lungo viale fiancheggiato dalle numerose bancarelle dei venditori ambulanti. Oltrepassato il municipio, raggiungerete poi il **2 mercato** → p45 centrale di Atene.

1 piazza Omónia

2 mercato

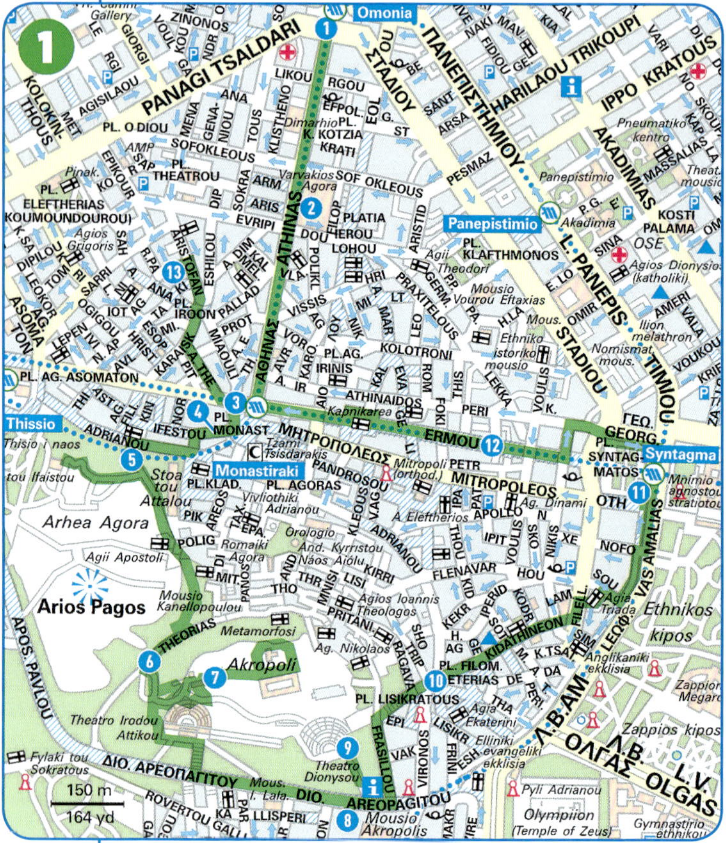

Sulla vostra destra, all'esterno, troverete frutta, verdura e una vasta offerta di generi alimentari; sulla vostra sinistra, all'interno di una struttura costruita più di 100 anni fa, potrete invece acquistare carne, pesce, noci, olive e miele. **Odós Athinás sfocia poi in piazza Monastiráki → p46**, accanto alla storica stazione della metropolitana. Qui potrete accedere alla ! terrazza-giardino dell'albergo **3 A for Athens → p91** e godervi una fantastica vista sul centro storico e sull'Acropoli. **Prendete poi 4 Odós Iféstou**, la via del mercato delle pulci, **a destra della stazione della metropolitana**. A questo punto, prima di ripartire alla scoperta dell'antica Atene, mettetevi tranquillamente a frugare tra le bancarelle in cerca di qualche affare.

3 A for Athens

4 Odós Iféstou

11:30 **Odós Iféstou vi condurrà poi all'ingresso** dell'⑤ **antica Agorà → p29**, dove potrete fermarvi a riprendere fiato su una panchina e godervi lo spettacolo dell'Acropoli. Quando sarete pronti a rimettervi in marcia, date un'occhiata al **Tempio di Efesto → p30** e alla chiesa bizantina di **Ágii Apóstoli** con i suoi affreschi medievali, e infine **lasciate l'Agorà dall'ingresso superiore**. Quindi, dopo aver affrontato una breve salita lungo il pendio dell'⑥ **Areopago → p39**, vi troverete davanti all'ingresso dell'⑦ **Acropoli → p32**. Per visitarla dovrete mettere in conto un'ora piena. Gran parte del tempo andrà dedicata in particolare alla visita del **Partenone → p36** e dell'**Eretteo → p35**. **Svoltate poi a sinistra** verso il percorso archeologico pedonale che imboccherete una volta giunti all'altezza dell'**Odeon di Erode Attico → p42. Proseguite spostandovi sempre verso sinistra.**

14:30 A questo punto giungerete al ⑧ **Museo dell'Acropoli → p37**. Qui potrete salire in terrazza per pranzare nell'elegante **caffetteria**, con il suo bell'affaccio sulla "rupe degli dèi", e poi trascorrere un'oretta ad ammirare i reperti storici o acquistare souvenir nello **shop del museo**, prima di rimettervi in cammino. La tappa successiva è il ⑨ **Teatro di Dioniso → p39** che si trova **proprio davanti al museo. Prendete poi Odós Frasíllou accanto all'ingresso del teatro. Dopo aver percorso un breve tratto di strada, svoltate a destra su Odós Théspidos. Quest'ultima attraversa Odós Adrianoú, il viale dei negozi di souvenir, per poi risalire leggermente, mutando nome in Odós Kidathinéon.** Di lì a poco, sulla sinistra, troverete la gelateria ⑩ **Latífis** *(tutti i giorni | Odós Kidathinéon 30)*, dove potrete concedervi una pausa. **Proseguendo lungo Odós Kidathinéon vi ritroverete a un certo punto su Odós Filellinon, una strada molto trafficata che vi condurrà, procedendo a sinistra, fino a piazza Syntagma.**

18:30 In ⑪ **piazza Syntagma → p47** potrete fotografare i cosiddetti euzoni, le guardie del parlamento nelle loro uniformi tradizionali. A questo punto, avrete del tempo libero per fare un po' di shopping lungo il viale pedonale di ⑫ **Odós Ermoú → p73**, **che vi porterà in piazza Monastiráki passando davanti alla chiesa bizantina di Panagia Kapnikaréa**. Da qui avrete la possibilità di recarvi nel quartiere alla moda di Psirrí, l'ideale per gustare delle specialità greche in un ambiente altamente suggestivo. Dopo cena, **riprendete Odós Ermoú e svoltate a destra, prima in Odós Agías Théklas e poi in Odós Karai-**

⑤ antica Agorà

⑥ Areopago

⑦ Acropoli

⑧ Museo dell'Acropoli

⑨ Teatro di Dioniso

⑩ Latífis

⑪ piazza Syntagma

⑫ Odós Ermoú

⓭ Páme Psirrí

skáki. Dopo un po' giungerete in Platía Iróon; da qui prendete Odós Aristofánous e, compiuto un brevissimo tratto di strada, arriverete alla taverna musicale **⓭ Páme Psirrí** → p87. Dopo mezzanotte, potrete scatenarvi nelle discoteche del quartiere.

2 A SPASSO PER L'ANTICO QUARTIERE DELLA PLÁKA

PARTENZA: ❶ Piazza Monastiráki
ARRIVO: ❾ Cine Paris

Percorso: 2 km

1 giorno
un'ora di cammino

COSTI: ingressi €10 *(o con biglietto cumulativo → tour 1)*, Trenáki (treno panoramico su ruote) €6, cinema €8, pasti €40 (tutto a persona).
COSA PORTARE: scarpe comode, borsa per fare acquisti, acqua.

Nel quartiere storico della Pláka l'atmosfera è particolarmente suggestiva. Qui potrete combinare le visite ai siti archeologici con shopping, brevi viaggi in treno, pause caffè e ottimi pasti. In estate il clou è una serata al cinema con vista sull'Acropoli.

❶ piazza Monastiráki

❷ Biblioteca di Adriano

❸ Platía Agorá

12:00 Il tour parte dall'animata **❶ piazza Monastiráki** → p46, che costituisce il punto di passaggio dalla Pláka ai quartieri del mercato coperto e quello delle pulci. **Prendete la strada che conduce all'Acropoli passando attraverso la storica stazione della metropolitana, sorta più di 100 anni fa, e la piccola moschea sconsacrata**. Quasi subito incontrerete, sulla vostra sinistra, il piccolo sito archeologico della **❷ Biblioteca di Adriano** → p40 risalente all'epoca romana. Terminata la visita, **girate una prima volta a sinistra, poi ancora a sinistra e date un'ultima occhiata agli scavi, questa volta dall'alto. A quel punto, imboccando Odós Dexípoou** vi ritroverete alle spalle dell'antica biblioteca, dove vi aspetta la lussureggiante **❸ Platía Agorà**. Da qui parte il cosiddetto **Trenáki**, un treno in miniatura su ruote. Controllate gli orari e concedetevi un pranzetto nel ristorante **Ydría** *(tutti i giorni | Odós Adrianoú 68 | tel 210 32 51 619 | €€)* facendo in modo di trovarvi liberi per le 14. A quell'ora infatti potrete partecipare al tour panoramico della Pláka, a bordo del trenino, che dura una quarantina di minuti. Al termine del giro, **raggiungete l'estremità nordoccidentale della piazza e imboccate Odós Aiólou**.

15:00 Questa strada vi condurrà direttamente all'④ **Agorà romana** → p42 con la sua **Torre dei venti** → p42. Dopo aver visitato il sito archeologico, prendete **la Odós Kirrístou, una stretta stradina che si diparte dall'estremità orientale dell'Agorà.** Sulla destra troverete Odós Mnisikléous, un piccolo vicolo con scalinata lungo la quale si concentra un gran numero di **taverne musicali**. **Giunti alla fine del vicolo, girate a destra e poi immediatamente a sinistra. Dopo una ventina di metri, troverete un percorso pedonale piuttosto ripido** che vi condurrà dapprima davanti alla cappella Ágios Símeon, che purtroppo è chiusa al pubblico, e poi su uno dei più tranquilli e spettacolari ⑤ ! belvedere della città, proprio davanti alle alte mura dell'Acropoli. Qui potrete finalmente fermarvi a riprendere fiato. A questo punto vi troverete all'estremità superiore del minuscolo quartiere di Anafiótika, la parte più romantica della Pláka. Appena riuscirete a staccarvi da questo posticino incantevole, percorrete un breve tratto fino a **imboccare la prima scalinata sulla sinistra**, che vi condurrà

④ Agorà romana

⑤ belvedere

Una bougainvillea davanti ai resti della Biblioteca di Adriano

❻ Odós Adrianoú

❼ Brettos

❽ Scholarhio

❾ Cine Paris

nel cuore di **Anafiótika**. **Attraversate Odós Pritanéou e prendete Odós Lisíou, girando a destra. Scendendo lungo Odós Fléssa giungerete poi a ❻ Odós Adrianoú**, la via di Adriano, in cui sono concentrati i migliori negozi di souvenir del centro storico. **Svoltate poi a sinistra** fino a raggiungere Platía Agorá e poi, cambiando lato della strada, **tornate indietro fino a Odós Kidathinéon**.

18:30 **Risalite questa strada per un breve tratto mantenendovi sulla sinistra**, mentre sulla destra troverete una delle enoteche più tipiche di Atene, il **❼ Brettos** **→ p85**. Prima di fermarvi a prendere un bicchiere di vino, date un'occhiata alla programmazione del Cine Paris, che si trova una **ventina di metri più avanti**. A soli 200 metri di distanza c'è la taverna **❽ Scholarhio** **→ p71** dove potrete fermarvi per la cena. **Dal Brettos proseguite verso sinistra e imboccate poi la seconda strada a destra, la cosiddetta Odós Tripodón.** Proprio su questa via, sulla vostra sinistra, troverete una taverna in cui i camerieri offrono le specialità della casa su un vassoio.

21:00 A fine serata, al cinema in terrazza **❾ Cine Paris** **→ p82** vi aspetta un'esperienza cinematografica molto particolare: potrete infatti sedervi a guardare un film in inglese sotto il cielo stellato godendo di una splendida vista sull'Acropoli. Al bar del cinema potrete ordinare un drink o qualcosa da sgranocchiare.

3 UNA CAPITALE CLASSICA IMMERSA NEL VERDE

PARTENZA: ❶ Piazza Syntagma
ARRIVO: ❿ Hotel Central

Percorso: 7 km

1 giorno
2 ore di cammino

COSTI: ingressi €12, autobus €1,40, funicolare €5, pasti €35 (tutto a persona).

Questa lunga passeggiata cittadina vi farà attraversare un gran numero di oasi verdi e vi condurrà a due fantastici belvedere, passando attraverso il quartiere esclusivo di Kolonáki e a tre dei più importanti edifici della città moderna. Vivrete inoltre l'esperienza di un viaggio in funicolare, visiterete due musei e vi fermerete a mangiare qualcosa in qualche splendida caffetteria.

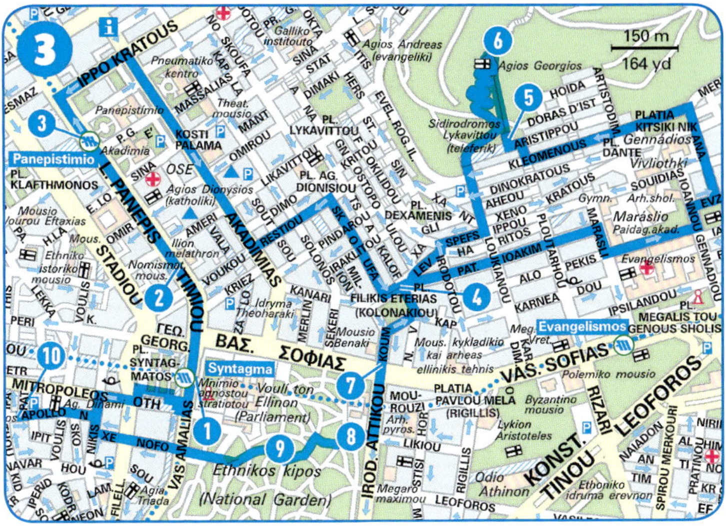

10:00 Gli euzoni, le guardie presidenziali che custodiscono la Tomba del Milite Ignoto in ❶ **piazza Syntagma → p47**, s i dirigono verso il monumento allo scocccare di ogni ora. Potrete approfittarne per fare qualche foto o girare un video. Quando avrete terminato, **prendete la Leofóros El. Venizélos** (una strada elegante che gli ateniesi continuano a chiamare con il vecchio nome di viale Panepistimíou) **e dopo 200 m vi ritroverete al ❷ Museo Numismatico** *(mar-dom 8.30-15.30 | ingresso €6 | Odós Panepistímiou 12 | www.nummus.gr)*, un tempo la residenza ateniese del famoso archeologo Heinrich Schliemann. Dopo aver terminato il giro del museo, potrete fermarvi a prendere un caffè e un dolce nella piccola caffetteria che si trova all'interno del giardino del museo. **Proseguite poi per altri 300 m lungo il cosiddetto viale Panepistimíou** e, sulla vostra destra, rimarrete incantati dalla famosa ❸ **Trilogia del sapere → p44**, composta dagli spettacolari edifici dell'Accademia, dell'Università e della Biblioteca nazionale. Se avete fame o necessità di fare provviste, potete acquistare i cosiddetti *koulouri*, delle ciambelline al sesamo, alle bancarelle dei venditori ambulanti. **Giunti alle spalle della Biblioteca nazionale, girate a destra in Odós Ippokrátous e poi di nuovo a destra nell'ampio viale Leofóros Akadimías. Percorretelo fino a raggiungere Odós Voukourestíou. Questa, snodandosi verso sinistra, vi porterà fino**

❶ piazza Syntagma

❷ Museo Numismatico

❸ Trilogia del sapere

④ Péros

⑤ stazione a valle della funicolare

⑥ Licabetto

⑦ Museo Benáki

⑧ caffetteria O Kípos

a Odós Skoufá, che invece andrà percorsa verso destra. Lungo queste due strade potrete ammirare le splendide e luccicanti vetrine di raffinate gioiellerie e boutique d'alta moda. **Odós Skoúfa sfocia poi in piazza Kolonáki** (il cui nome ufficiale è Platía Filikís Eterías). Qui troverete il bar **④ Péros → p65**, dove potrete gustare un caffè o un cappuccino mescolandovi a uomini d'affari, commercianti, avvocati e ricche signore in giro per shopping.

12:30 Dal lato interno della piazza, **proprio davanti alla caffetteria**, parte l'autobus 60, che percorre il quartiere esclusivo di Kolonáki. **Prendetelo e scendete alla fermata "4H Lykavittós"; quindi imboccate una scalinata per ritrovarvi alla ⑤ stazione a valle della funicolare.** Questa vi porterà fin su in cima al **⑥ Licabetto → p49**, che con i suoi 277 m di altezza è il colle più alto di Atene. Da qui potrete godere di una splendida vista panoramica sulla città e sull'isola di Egina. Dopodiché, **prendete il sentiero fiancheggiato da maestose agavi, che nel giro di una quindicina di minuti vi porterà dalla cima del Licabetto in piazza Kolonáki, passando per Platía Dexameni. Attraversata la piazza, scendete lungo la breve Odós Koumbári.** All'incrocio di quest'ultima con il più ampio viale Leofóros Vassilías Sofías, troverete sulla vostra destra il **⑦ Museo Benáki → p48**. A questo punto, prima di entrare, potrete fermarvi a mangiare qualcosa al **! ristorante panoramico** del museo. Nello **shop** troverete un vasto assortimento di souvenir e articoli da regalo. Non vi conviene prendere qui il caffè, **ma 150 m più avanti in Odós Irod. Attikoú** nella tranquilla **⑧ caffetteria O Kípos** *(tutti i giorni)* all'ingresso del Giardino Nazionale di Atene.

Il porto di Mikrolímano al Pireo con i suoi pescherecci, gli yacht, le barche a vela e a remi

17:00 Attraversate poi l'oasi verde del 9 **Giardino Nazionale → p50 e seguite le indicazioni che riportano la scritta: "Amalías". Imboccherete quindi Odós Xenofóntos, che sfocia in Odós Níkis. Giunti in questa via, proseguite per un breve tratto sulla destra e poi girate a sinistra prendendo la stretta Odós Apóllonos.** Circa 100 m più avanti, sulla sinistra, troverete l'10 **Hotel Central → p18**. Questo albergo, per quanto sia poco appariscente, dispone di una bella **terrazza-giardino**, da cui potrete ammirare il tramonto sulla Pláka e sull'Acropoli.

9 Giardino Nazionale

10 Hotel Central

4 I PORTI DI ATENE

PARTENZA: 1 Fermata del tram Trocadero
ARRIVO: 12 Ark

Percorso:
8,5 km a piedi, 21 km in tram e metro

1 giorno
2,5 ore di cammino

COSTI: ingressi €7, biglietto giornaliero metro e tram €4,50, pasti €45 (tutto a persona).
COSA PORTARE: nella stagione estiva costume da bagno e asciugamano.

ATTENZIONE: il tempo di percorrenza del tram T4 da piazza Syntagma a Trocadero è di 36 minuti.
La linea T5 invece collega piazza Katráki a piazza Syntagma in 53 minuti. Per informazioni sugli orari consultare il sito: *www.stasy.gr*

Ad Atene ci sono molti porti. Questo tour vi permetterà di conoscere la città portuale del Pireo, di salire a bordo di una vecchia nave da guerra o di ammirare una riproduzione a grandezza naturale di un'antica imbarcazione greca. Visiterete inoltre due musei, viaggerete in tram lungo la costa e giunti a Glifada cenerete in compagnia della gente del posto in un locale a due passi dal mare.

10:00 Questo "tour portuale" inizia dalla 1 **fermata del tram Trocadero**. A **200 m di distanza** troverete la 2 **nave-museo → p58** dove potrete ammirare, tra le varie cose, la riproduzione di un'antica trireme ed esplorare il maestoso incrociatore greco "Georgios Averof" risalente al 1910, muovendovi dal ponte di comando alla sala macchine. Terminata la visita, **prendete di nuovo il tram e scendete al 3 capolinea presso lo stadio Karaiskáki**, dove si disputano le partite della squadra di calcio dell'Olympiakós Pireo. **Attraversando un ponte pedonale, portatevi quindi sull'altro lato della strada e prende-**

1 fermata del tram Trocadero

2 nave-museo

3 capolinea presso lo stadio Karaiskáki

❹ capolinea Pireo

❺ Platía Karaiskáki

❻ Museo Navale

❼ caffetteria Bouboulínas

te la metropolitana 1 alla stazione Faliró. Scendete dopo una sola fermata al ❹ capolinea Pireo. A questo punto vi troverete subito immersi nell'atmosfera frenetica della città portuale. **Utilizzando un altro ponte pedonale, portatevi sul lato opposto del lungomare, poi girate a sinistra e nel giro di pochi minuti vi ritroverete in ❺ Platía Karaiskáki**, con i suoi numerosi uffici navali e le caffetterie. Da qui partono i traghetti per le Cicladi orientali, tra cui Mykonos, Syros e Tinos. Passando accanto ai piccoli traghetti diretti alle isole del Golfo Saronico, proseguite fino agli **ormeggi** delle grandi navi del Dodecaneso. Sul molo opposto, all'altra estremità dell'area portuale, potrete ammirare le imbarcazioni dirette a Creta, e davanti a voi il **terminal passeggeri** internazionale, dove sono ormeggiate navi da crociera provenienti da ogni parte del mondo. **Dalla via del porto, girate a sinistra su Platía Nikoláou e attraversate la penisola percorrendo il viale trafficato Chariláos Trikoúpi.** A un certo punto incontrerete l'interessante Museo Archeologico → p52, che può vantare diverse statue bronzee antiche. Vi converrà visitarlo in un secondo momento, dato che il tour di oggi è escllusivamente all'insegna del mare! Pochi metri più avanti, infine, troverete il **porto di Zea → p53**, con i suoi yacht, dove potrete visitare l'interessante **❻ Museo Navale → p52**.

14:00 A questo punto è ora di fare una pausa: procuratevi uno spuntino alla **❼ caffetteria Bouboulínas** *(tutti i giorni | Platía Aléxandras 5 | tel 210 41 31 367 | €)* **all'e-**

stremità meridionale del porto di Zea. Quando vi sarete rifocillati, proseguite **mantenendovi sul lungomare**. A pochi passi dalla strada troverete la **⑧ spiaggia Votsalákia**, dove potrete concedervi un bel bagno rinfrescante. La tappa successiva è il porto di **⑨ Mikrolímano** **→ p52**, con i suoi yacht e pescherecci, che vale la pena fotografare, magari seduti al moderno **bar-ristorante Mecca** *(tutti i giorni | Aktí Koundouriótou 62 | tel 210 42 20 138 | €€)*, che si trova proprio davanti alle imbarcazioni.

17:30 **Dal porto di Mikrolímano, la strada litoranea costeggia il mare solo per un altro breve tratto, dopodiché piega verso l'entroterra, cedendo il posto al viale pedonale Aktí Dilavéri.** Passate davanti alla chiesa di Panagia Mirtiótissa e proseguite **per un breve tratto a destra finché non incontrerete la ⑩ stazione del tram Néo Faliró. Prendete la linea 3** che, costeggiando il mare per una trentina di minuti, passerà accanto a spiagge e porticcioli, a grandi locali con musica dal vivo, nonché al vecchio aeroporto di Atene. **Giunti a Glifada, scendete alla ⑪ fermata Platía Esperídon e proseguite fino al mare.** Qui vi aspetta l'**⑫ ! Ark** *(tutti i giorni | Labráki Grigoríou 2 | tel 210 89 48 882 | www.ark-glyfada.gr/en | €€-€€€)*, un elegantissimo bar-ristorante aperto tutto il giorno, dove potrete gustare uno spritz mescolato con liquore al mandarino greco, nonché ricci di mare con carrube, la famosa *kakaviá*, una zuppa di pesce cucinata con acqua di mare, e tante altre raffinate specialità.

⑧ spiaggia Votsalákia

⑨ Mikrolímano

⑩ stazione del tram Néo Faliró

⑪ fermata Platía Esperídon

⑫ Ark

IN GIRO CON I BAMBINI

Ad Atene, i bambini seguono gli adulti in quasi tutte le loro attività. Sono poche, infatti, le zone a loro interdette. Di sera, al ristorante, i bambini stanno solitamente insieme ai genitori e i parchi gioco, seppur pochi, sono aperti fino a tarda notte. I più piccoli per divertirsi si accontentano di poco e pertanto non è necessario cercare offerte speciali o strutture adatte a loro.

ATTICA PARK (139 F3) (🗺 0)

Lo zoo più moderno della Grecia ospita più di 320 specie di animali tra uccelli, leoni, tigri, linci, zebre, giraffe, scimmie e pinguini. È possibile inoltre ammirare alcune specie locali a rischio di estinzione, quali ad esempio i pony semiselvatici dell'isola di Skyros, le capre selvatiche dell'isola di Creta, oltre agli orsi bruni e ai lupi. L'Attica Park ospita inoltre un giardino delle farfalle e un piccolo zoo in cui adulti e bambini possono accarezzare e nutrire gli animali. Naturalmente non mancano i posti dove fermarsi a mangiare o a riprendere fiato. *Tutti i giorni dalle 9 al tramonto | ingresso €18, per i bambini da 3 a 12 anni €14, gratuito invece per i bambini sotto i 3 anni | At Yaloú | Spáta | www.atticapark.com | uscita 16 dell'autostrada in direzione Rafína | autobus 319 dalla metro L3: Doukíssis Plakentías*

LAGHETTO NEL GIARDINO NAZIONALE (130 B6) (🗺 K4)

Per la gioia di grandi e piccini, greci e non, al Giardino Nazionale di Atene è possibile dar da mangiare alle anatre. A sfamare i visitatori ci pensano invece gli ambulanti con le lore ciambelline al sesamo e i sacchetti di popcorn. *Aperto tutto il giorno | ingresso libero*

PLANETARIO (0) (🗺 0)

Nelle sale espositive interattive del moderno planetario della fondazione Eugenides, gli scienziati in erba possono fare molti esperimenti. Tra le varie attrazioni c'è ad esempio la volta celeste digitale, dove i principali temi trattati sono il sole e lo spazio. *Mer-ven 17.30-20.30, sab-dom 10.30-20.30 | ingresso €6-8, bambini €4-5, cuffie (con traduzione in inglese) €1 | Odós Singroú 387 | ingresso da Odós Pentélis 11 | autobus B2, E2, 550*

TEATRO DELLE MARIONETTE E DELLE OMBRE (127 E5) (🗺 J5)

Assistere a uno spettacolo teatrale può essere divertente anche se non conoscete il greco. Vi basterà farvi contagiare dall'allegria dei bambini. Il teatro delle marionette e delle ombre, il cosiddetto *Figoúres ke koúles*, si trova in centro. *Ott-mag dom*

Grotte con stalattiti e stalagmiti, laghi balneabili, zoo e ottovolanti: l'offerta per i più piccoli, ma non solo, è molto varia

11.30, spesso anche alle 13.30 | ingresso €5-7 | Odós Tripodón 30 | Pláka | tel 210 32 27 507 | www.fkt.gr

LAGO DI VOULIAGMÉNI ●

(139 E4) (*🗺 0*)

In Grecia, per poter accedere alle piscine sia coperte sia all'aperto, è necessario esibire il libretto sanitario... sempre che l'abbiate portato con voi. In compenso, è possibile fare il bagno, anche nelle stagioni più fredde, nelle placide acque del lago di Vouliagméni, in uno scenario roccioso con tanto di grotte. Le sue sorgenti termali mantengono la temperatura dell'acqua leggermente al di sopra dei 20°C. *Mag-ott tutti i giorni dalle 7 al tramonto | ingresso €9, sab-dom €10, bambini (dai 6 ai 12 anni) €5,50 | www.limnivouliagmenis.gr/en | autobus 122 dalla stazione metro L2: Ellinikó*

SUPERBOWL (0) (*🗺 A4*)

Con i suoi 28 tavoli da biliardo e 10 da ping pong, le sue 25 piste da bowling e tanto spazio per il pattinaggio a rotelle, questa modernissima e immensa sala bowling, la più grande di Atene, offre a grandi e piccini la possibilità di divertirsi in tanti modi. *Tutti i giorni dalle 11 all'1 | prezzi per una partita a bowling: lun-gio €3,50 a persona, ven-dom €4,50 | Odós Kanapitséri 10 | Ágios Ioánnis Réndis | www.superbowl.gr | filobus 20*

GROTTA DI KOUTOUKI ●

(139 F3) (*🗺 0*)

I tour guidati attraverso questa grotta, situata sul pendio dell'Imetto a circa 550 m di altezza, partono ogni mezz'ora. Oltre al mondo del sottosuolo, suggestiva è anche la vista sul nuovo aeroporto di Atene che si gode dal piazzale antistante la grotta. *Tutti i giorni 8-14.30 | ingresso €4, bambini (tra i 3 e i 12 anni) €2 | Koutoúki Cave, 4 km dalla cittadina di Peanía (il luogo è indicato mediante l'apposita segnaletica), uscita 18 dell'autostrada in direzione Peanía | in metro fino a Doukíssis Plakentías, poi con autobus 310 fino a Peanía e da lì in taxi*

EVENTI E FESTE

I giorni delle "festività mobili" seguono il calendario giuliano e coincidono solo di rado con le nostre omonime festività.

FESTE E MANIFESTAZIONI

FEBBRAIO

Vive le Punk Rock: il più importante festival punk dei Balcani si svolge in un fine settimana di febbraio presso il *Tres (Odós Zoodochou Pigís 3)*, un famoso locale notturno ubicato nel quartiere dell'Exarchía. *www.facebook.com/vivelepunkrock*

MARZO-APRILE

Carnevale: durante l'ultimo fine settimana di carnevale *(feb-mar)* i vicoli e le taverne della Pláka si animano di sfilate in costume. Il momento clou è il lunedì grasso (ortodosso), quando (126 A5) (*G5*) ! migliaia di persone fanno volare gli aquiloni in cima alla collina di Filopappo.

Festa nazionale del 25 marzo: verso metà mattinata, le autorità si recano a deporre corone di fiori in piazza Syntagma, in memoria della rivolta greca del 1821 contro la dominazione turca.

Venerdì Santo: alle 21 processioni in tutta la città; la più suggestiva è quella che parte dalla cattedrale dell'Annunciazione.

Sabato di Pasqua: la messa di Pasqua si celebra intorno alle 23 in tutte le chiese ortodosse e nei cimiteri della città. Poco prima di mezzanotte, appena il sacerdote annuncia la resurrezione di Cristo, i fedeli organizzano uno spettacolo pirotecnico ! davanti all'antica chiesa di Panagia Kapnikaréa.

FINE MAGGIO-INIZIO GIUGNO

Festival europeo del jazz: cinque giorni di jazz classico, funk, jazz rock ed ethnic jazz al Technópolis. *Ingresso libero | Odós Piréos 100 | Gázi | www.technopolisjazzfestival.com*

LUGLIO

Rockwave Festival: il più grande festival rock all'aperto dura in genere 2-3 giorni. Nel 2018 tra gli ospiti c'erano anche gli Iron Maiden. *Terra Vibe Park, 37 km a nord di Atene | navette speciali dalla stazione centrale di Larísis | www.rockwavefestival.gr*

Likavittós Festival: il festival consiste in 12 serate all'insegna del rock e del pop nel teatro all'aperto in cima al colle del Licabetto. In passato, all'evento hanno partecipato anche personaggi famosi come Bob Dylan e gli Scorpions. *Botteghini aperti a partire dalle 19*

D'estate si celebra il trionfo della cultura con eventi sotto le stelle, d'inverno la festività principale è quella del Carnevale

LUGLIO-AGOSTO

★ ***Festival di Atene ed Epidauro:*** opera, balletti, concerti, teatro antico e moderno, musical nello scenario suggestivo dell'Odeon di Erode Attico, con artisti, orchestre e ensemble famosi in tutto il mondo. I biglietti sono disponibili presso l'*Hellenic Festival Box Office (Stóa Pesmazóglou | Leofóros Panepistímiou 39 | tel 210 32 72 000 | www.greekfestival.gr)*.

AGOSTO

August Moon Festival: ogni anno, nel corso della prima notte di plenilunio di agosto, molti siti archeologici vengono aperti al pubblico e l'Agorà romana diventa teatro di importanti manifestazioni culturali.

SETTEMBRE

Athens International Film Festival: il festival dura 10 giorni, durante i quali sono proiettati più di 50 film in diversi cinema della città: si tratta di opere firmate sia da esordienti che da grandi registi internazionali. Il festival prevede la proiezione di cortometraggi e un gran numero di eventi dedicati al cinema.

GIORNI FESTIVI

1° gennaio	Capodanno
6 gennaio	Epifania
febbraio-marzo	Lunedì Grasso
25 marzo	Festa Nazionale
marzo-aprile	Venerdì Santo (ortodosso)
marzo-aprile	Lunedì di Pasqua (ortodosso)
1° maggio	Festa del Lavoro
maggio-giugno	Pentecoste ortodossa
15 agosto	Assunzione della Vergine
28 ottobre	Festa nazionale
25 dicembre	Natale
26 dicembre	Santo Stefano

LINK, BLOG, APP E ALTRO

LINK E BLOG

www.athensguide.com Ottimo sito in lingua inglese che offre informazioni dettagliate sulla città di Atene, in particolare sugli orari di apertura e sui prezzi d'ingresso di negozi e musei, nonché numerosi link per prenotare alberghi e alloggi.

www.stoa.org/athens Su questo sito di facile consultazione, gli archeologi texani Kevin Glowacki e Nancy Klein hanno caricato delle belle fotografie di Atene e offrono informazioni, link e persino una completa bibliografia dei siti archeologici più importanti della città.

www.thisisathens.org Il progetto fotografico "This is Athens" presenta più di 5000 immagini della città, scattate da una community di fotografi professionisti e dilettanti, per presentare Atene da tante prospettive diverse.

www.facebook.com/cityofathens Sulla bacheca del sito, i membri di questa community internazionale si scambiano informazioni preziose sulla vita notturna di Atene, nonché consigli su ristoranti, manifestazioni e varie attività (in lingua inglese).

short.travel/ath5 Qui troverete tweet interessanti con consigli di viaggio e informazioni sulle tendenze attuali di Atene e di tante altre località greche, tutte notizie aggiornate in tempo reale.

www.athenscoast.com Uno dei più importanti siti in materia di vacanze estive ad Atene e dintorni: vi troverete informazioni, blog e tutte le novità in programma sulla costa attica e sulle spiagge della capitale.

www.whyathens.com Una guida aggiornata, dettagliata e ricca di illustrazioni che presenta il top (e non solo) degli eventi in programma ad Atene.

www.sullerivedelkifissos.it Blog in italiano nato nel 2015, creato con l'intento di condividere lo spirito unico di Atene, con sezioni dedicate ai ristoranti,

Prima di partire o già in viaggio, create la vostra vacanza sulla rete: link, blog, forum e social network sono a vostra disposizione

ai luoghi da visitare, alla cultura e alla cucina. Interessanti sono i consigli per gli italiani che desiderano trasferirsi e lavorare ad Atene. Da qualche tempo la blogger organizza anche eventi culturali.

ateniesipercaso.com Un altro blog di due italiane che hanno scelto di vivere ad Atene e di condividere con i compatrioti tutte le bellezze che questa città riserva. Per rendere la navigazione più semplice hanno suddiviso le loro piccole e grandi scoperte in semplici categorie: food, drinks, events, magic corner, outdoor trips, place to stay e shops.

VIDEO E MUSICA

alexandrosmaragos.com/city-of-athens Cortometraggio del fotografo e videomaker Alexandros Maragos, un ritratto di una metropoli in trasformazione e un omaggio alla capitale della Grecia.

www.greece-athens.com/video Questo sito propone una dozzina di brevi filmati ripresi in diversi quartieri di Atene.

short.travel/ath3 30 video di diversa lunghezza che presentano in particolare l'Acropoli, l'omonimo museo e il Partenone.

short.travel/ath4 Un tour virtuale di Atene. Il video, girato in diversi punti della città, presenta le maggiori attrazioni turistiche anche mediante testi informativi.

APP

Greek Gods Free Grazie a questa app imparerete tante cose a proposito degli oltre 300 dèi ed eroi greci a cui sono dedicati i musei e i templi che intendete visitare.

Athens Subway La metropolitana di Atene a portata di mano! La mappa delle linee può essere spostata, ingrandita e ruotata. Offre anche il servizio di geolocalizzazione.

Marine Traffic Questa app è l'ideale per chi intende visitare il Pireo. Riceverete numerose informazioni sulle imbarcazioni che vedete nel porto di Atene, provenienza e destinazione comprese. L'app è utilizzabile in ogni parte del mondo.

INFORMAZIONI PRATICHE

AUTO

I limiti di velocità sono di 50 km/h nei centri abitati, 90 km/h sulle strade provinciali, 110 km/h sulle superstrade e 120-130 km/h in autostrada. Il tasso alcolico consentito è di 0,05% per chi guida un'automobile e di 0,01% per i motociclisti e per gli autisti di camper di peso superiore alle 3,5 t. Parcheggiare in divieto di sosta comporta sanzioni che vanno dai €50 in su. L'Automobile Club greco ELPA presta soccorso in caso di incidente sia sulle isole che sulla terraferma: *tel 10 400.*

AUTONOLEGGIO

Ad Atene ci sono numerose agenzie di autonoleggio. L'età minima per poter accedere al servizio è di 21 anni; per circolare è sufficiente essere muniti della patente rilasciata dal proprio paese di appartenenza. I prezzi vanno dai €120 per tre giorni di noleggio e sono comprensivi di assicurazione. Il chilometraggio è illimitato.

DOCUMENTI

Per visitare la Grecia è sufficiente esibire la carta d'identità o il passaporto in corso di validità. Anche i minori dovranno essere muniti di un documento proprio.

DOGANA

I cittadini UE possono esportare e importare, esentasse, fino a 800 sigarette, 10 l di superalcolici e 90 l di vino. Per la Svizzera le quantità ammesse sono sensibilmente inferiori: fino a 250 sigarette, 1 l di superalcolici e 10 l di vino.

EMERGENZE

Per chi non conoscesse la lingua greca, è consigliabile rivolgersi alla reception dell'albergo presso cui si alloggia.
Ambulanza: tel 166
Numero europeo per le emergenze (24 ore su 24, in inglese): tel 112
Polizia: tel 10 33
Polizia turistica: tel 210 92 00 724
SOS sanitario (servizio a pagamento con medici che parlano inglese): tel 210 82 11 888

EVENTI

Se cercate un calendario dettagliato delle manifestazioni, potete acquistare il settimanale *Athinorama*. Il giornale, in lingua greca, è disponibile in tutte

VIAGGIARE VERDE

Potete fare molto con semplici mezzi. Non calcolate solo le emissioni di anidride carbonica emessa per il vostro viaggio di andata e ritorno *(www.ecopassenger.org)*, ma fate attenzione e proteggete anche la natura e le tradizioni del paese che visitate *(www.climatecare.org; www.aitr.org)*. Come turisti è necessario avere cura dell'ambiente *(en.nabu.de; www.wwf.it; footprint.wwf.org.uk)*, privilegiare i prodotti regionali, utilizzare mezzi di trasporto puliti (bicicletta anziché automobile), risparmiare l'acqua e molto altro. Per maggiori informazioni sul turismo ecosostenibile: *www.tuttogreen.it/category/viaggi*

le edicole. Per chi cerca informazioni sugli eventi culturali, si consiglia di visitare i siti *www.whyathens.com* e *www.thisisathens.org*. Per gli eventi musicali, si può consultare invece l'homepage della biglietteria online *Viva (www.viva.gr)*.

GIORNALI

Nelle edicole del centro, i giornali stranieri sono disponibili solo la sera o il giorno dopo. I punti più forniti sono le botteghe e le edicole che si trovano in piazza Syntagma e in piazza Kolonáki.

GIRI TURISTICI

Nella capitale greca, sono molti gli enti che organizzano tour cittadini in autobus della durata di mezza giornata. Per potervi partecipare è possibile effettuare la prenotazione presso numerosi alberghi e agenzie viaggi. Molti di questi tour comprendono la visita dell'Acropoli e dell'omonimo museo *(circa €70)*. Diverse aziende propongono giri turistici di Atene e del Pireo con audioguida, a bordo di autobus a due piani *(€18 ciascuno; effettuando la prenotazione online si può ottenere una riduzione del 10%)*. Di solito, questi autobus effettuano una ventina di fermate nei pressi delle attrazioni più importanti, dove i passeggeri possono tranquillamente scendere e poi risalire su un altro autobus. Ai turisti si consiglia di girare per Atene accompagnati da una persona del posto. Al progetto **!** *My Athens* *(myathens.thisisathens.org)* partecipano 120 persone, tra uomini e donne di ogni età, che si offrono di accompagnare gratuitamente i turisti in giro per la città. L'iniziativa non prevede la visita di musei e rovine, ma la scoperta dell'Atene moderna. La meta la scegliete voi e il personale sarà lieto di accompagnarvi, ad esempio, in giro per le caffetterie, a fare shopping oppure ad ammirare i murales della città. Data e punto di incontro sono fissati in anticipo online. Non sono gradite mance, ma solo gentilezza e buone maniere.

QUANTO COSTA?

Caffè	2,50 euro *un caffè greco*
Cinema all'aperto	8 euro *un biglietto*
Taxi	68 centesimi *al km in città*
Souvenir	a partire da 2 euro *un komboloi, il tipico rosario greco*
Spuntino	2,20 euro *un gyros con pítta*
Vino	5 euro *una caraffa da mezzo litro di retsina*

INFORMAZIONI AD ATENE

EOT/GNTO (127 D6) *(J5)*
Odós Dionýsiou Areopagítou 18-20 | Makrygiánni (davanti al Museo dell'Acropoli) | tel 210 33 10 347. Un ufficio è presente anche al terminal arrivi dell'aeroporto: *tel 210 35 30 989*

THIS IS ATHENS INFO POINT
Informazioni e materiale cartaceo disponibili in tre chioschi: all'aeroporto, all'Acropoli e al Pireo *www.thisisathens.org*

INFORMAZIONI PRIMA DELLA PARTENZA

ENTE NAZIONALE ELLENICO PER IL TURISMO
– Via Santa Sofia 12 | Milano | tel 02 86 04 70 | info@visitgreece.it

INTERNET E WI-FI

Gli hotspot wireless gratuiti sono sempre più diffusi ad Atene. In generale è possibile connettersi gratuitamente nelle caffetterie, nelle trattorie, negli alberghi, in numerose ● piazze e luoghi pubblici, in tutto l'aeroporto, nei terminal traghetti del Pireo, e persino nell'Acropoli e nel Museo Archeologico Nazionale.

LINGUA

I greci vanno fieri della propria scrittura, che non è usata in nessun'altra parte del mondo. Spesso le indicazioni e i cartelli stradali riportano la traslitterazione con lettere latine. Non esiste un criterio universalmente valido nella trascrizione dei nomi. In questa guida le attrazioni, le vie e i locali sono riportati in modo tale da poter essere pronunciati il più fedelmente possibile agli originali. Spesso capita anche di trovare un gran numero di traslitterazioni diverse per indicare lo stesso luogo. Questo perché i greci non conoscono né tollerano regole fisse in materia di ortografia. Quando si parla in greco, l'accento cade sempre sulle vocali e per farsi capire è importante accentare le parole in modo esatto.

MANCE

In Grecia, lasciare la mancia è visto come segno di buona educazione, e gli importi inferiori a 50 centesimi sono considerati offensivi, se non umilianti. Le mance si lasciano sul tavolo prima di uscire dal locale.

NOMI DELLE STRADE

Fino agli inizi del 2011, Atene era un conglomerato di 37 comunità autonome, ciascuna delle quali era responsabile della denominazione delle proprie strade. Questo spiega perché oggi nella capitale greca le stesse strade presentano un gran numero di nomi diversi (in alcuni casi fino a 30). Di conseguenza, quando si cerca una strada da queste parti, conviene sempre informarsi anche sulla vecchia frazione di appartenenza. Gli indirizzi riportati in questa guida appartengono quasi tutti al comune di Atene e in particolare si trovano nei quartieri centrali come la Pláka, lo Psirrí o Kolonáki. In tutti gli altri casi, sono riportati i nomi delle rispettive frazioni di appartenenza.

ORA

La Grecia è un'ora avanti rispetto all'Italia, sia durante il periodo dell'ora legale, sia durante quello dell'ora solare.

ORARI DI APERTURA

Gli orari di apertura di numerosi musei e siti archeologici cambiano a seconda delle stagioni. Le variazioni dell'ultimo momento sono all'ordine del giorno. Gli ateniesi di solito vanno in vacanza tra il 1° e il 20 agosto. In quel periodo molti negozi e ristoranti, a eccezione di quelli del centro storico, sono chiusi.

POSTA

Ad Atene, gli uffici postali sono presenti in tutti i quartieri della città e anche all'aeroporto. L'ufficio centrale si trova in *Piazza Syntagma/Odós Mitropóleos*

(127 F3) (🗺 J4) e in genere è aperto *dalle 7.30 alle 15 dal lunedì al venerdì*. Ma ci sono alcuni uffici postali che osservano un orario più lungo.

PREVENDITA BIGLIETTI

I biglietti per eventi e manifestazioni presso l'Odeon di Erode Attico, il teatro del Licabetto e l'antico teatro di Epidauro, si possono acquistare all'*Hellenic Festival Box Office* (130 A4) (🗺 J3) *(lun-ven 9-17, sab 9-15 | Leofóros Panepistímiou 39 | Stóa Pesmazóglou | tel 210 32 72 000 | www.greekfestival.gr)*, online o anche alle casse dei rispettivi teatri. Su internet è possibile prendere i biglietti per il Teatro nazionale dell'Opera e quelli per la sala concerti *Mégaro Mousikís Athinón*. Per accedere a tutti gli altri teatri e sale concerti bisogna invece rivolgersi alle biglietterie.

RAPPRESENTANZE DIPLOMATICHE

AMBASCIATA ITALIANA

Sekeri 2 | tel 210 36 17 260 | ambasciata.atene@esteri.it

AMBASCIATA E CONSOLATO SVIZZERO

Odós Iassiou 2 | tel 21 07 23 03 64 | www.eda.admin.ch/athens

SALUTE

Ad Atene troverete un gran numero di dottori, farmacie e ospedali. I medici in genere sono competenti, purtroppo però le strutture di ambulatori e cliniche lasciano un po' a desiderare. In caso di ferite o malattie di una certa gravità, si consiglia di anticipare il rimpatrio. Tra Italia e Grecia esiste un accordo sull'assistenza medica, tuttavia, la tessera sanitaria europea TEAM non è sempre accettata dai medici o dagli ospedali convenzionati con la cassa malattia greca IKA. Conviene dunque stipulare un'assicurazione sanitaria per l'estero prima di partire.

TARIFFE D'INGRESSO

Per chi intende visitare i numerosi siti archeologici e le attrazioni turistiche più importanti, quella del biglietto cumulativo è la soluzione più conveniente. Ad Atene ne esistono di due tipi:
– biglietto cumulativo per gli scavi: costa €30 *(ridotto €15)*, è valido 5 giorni e consente un accesso singolo all'Acropoli, all'antica Agorà e al museo omonimo, nonché alla Biblioteca di Adriano, al Tempio di Zeus Olimpio, al Liceo di Aristotele, al Ceramico con museo annesso;
– biglietto cumulativo musei: costa €15 *(ridotto €8)*, è valido 3 giorni e consente un accesso singolo al Museo Archeologico Nazionale, al Museo Epigrafico, al Museo Numismatico, dove ha soggiornato l'archeologo Heinrich Schliemann, e al Museo Bizantino. Per gli studenti provenienti dai paesi europei, l'ingresso nei musei statali e in tutti i siti archeologici è gratuito; per i visitatori dai 65 anni in su è prevista una riduzione. ● In alcuni giorni dell'anno l'ingresso ai siti archeologici e ai musei è gratuito. Il migliore da questo punto di vista è il Museo Benáki, che ogni giovedì propone l'ingresso gratuito per tutti.

TAXI

Ad Atene viaggiare in taxi è assai conveniente. Molti tassisti accolgono nelle proprie vetture più passeggeri contemporaneamente e questo consente di risparmiare sul prezzo della corsa. Le aree taxi sono presenti un po' ovunque, ma si può anche usufruire del servizio per strada. Tutte le vetture sono dotate di tassametro. Il servizio più comodo è quello del radiotaxi, che propone tariffe leggermente più alte ma può essere prenotato tramite l'albergo o il ristorante.

TELEFONO

Dal giugno 2017 i sovrapprezzi per il traffico voce e dati dei cellulari all'interno dell'Unione Europea sono stati aboliti. Per chiamare dalla Grecia in Italia va digitato lo *0039* seguito dal numero con lo zero iniziale, in Svizzera lo *0041* senza lo zero iniziale. Viceversa, per telefonare in Grecia dall'Italia va composto il prefisso *0030* seguito dal numero a dieci cifre.

TRASPORTI PUBBLICI

Ad Atene, l'ossatura principale della rete dei trasporti pubblici è costituita dalla metropolitana con le sue tre linee. La città dispone anche di numerosi autobus e tram. Nelle stazioni della metropolitana sono affisse le piantine della città con i collegamenti metro e autobus (purtroppo solo in lingua greca); alle fermate degli autobus ci sono cartelloni che riportano informazioni sulle linee pubbliche disponibili. Gli autobus e i tram operano tutti i giorni dalle 5.30 alle 24. I biglietti sono validi per tutti i mezzi di trasporto pubblico e vanno acquistati prima di salire a bordo. Si possono comprare in tutte le stazioni presso i distributori automatici o gli sportelli dedicati. Una corsa, utilizzabile su ogni mezzo pubblico (eccetto sulle navette aeroportuali e sulle linee metro o ferroviarie collegate con l'aeroporto), costa €1,40 e ha una validità di 90 minuti dopo l'obliterazione, anche se si effettuano dei cambi. I bambini di età inferiore a 6 anni viaggiano gratuitamente, mentre gli

IL TEMPO AD ATENE

	Gen	Feb	Mar	Apr	Mag	Giu	Lug	Ago	Set	Ott	Nov	Dic
Temperature diurne in °C	14	14	16	20	25	30	33	33	29	23	19	15
Temperature notturne in °C	7	7	8	11	16	20	23	23	19	15	12	9
Ore di soleggiamento/giorno	4	6	6	8	10	12	13	12	10	7	5	5
Precipitazioni giorni/mese	8	4	6	4	4	1	1	1	2	5	7	8
Temperatura dell'acqua in °C	14	14	14	15	18	22	24	24	23	21	19	16

 Ore di soleggiamento/giorno   Precipitazioni giorni/mese   Temperatura dell'acqua in °C

studenti sotto i 25 anni e gli over 65 hanno diritto a una tariffa scontata del 50%; queste riduzioni però si possono ottenere solo presso gli appositi sportelli. I biglietti per le navette aeroportuali costano €6, quelli delle linee metro collegate con l'aeroporto €10 *(€18 per andata e ritorno)*. I giornalieri utilizzabili su tutti i mezzi costano €4,50, quelli settimanali, invece, €14.

Una moderna linea tranviaria collega piazza Syntagma con il litorale del Golfo Saronico. La linea 4 viaggia verso Néo Faliró, la linea 5 invece verso Glifáda. La linea 3 collega Néo Faliró con Glifáda e segue un tragitto panoramico lungo la costa. Nel caso si volessero raggiungere delle mete più distanti, si possono prendere gli autobus di linea che partono da tre diverse stazioni: da *Leofóros Kifissoú 100* (139 E3) *(🗺 O) (raggiungibile da piazza Omónia con l'autobus 51)*; da *Leofóros Liossíon 260* (139 E3) *(🗺 O) (raggiungibile da piazza Syntagma con l'autobus 24)*; da *Odós Mavromatéon / Leofóros Alexándras/Pedíon Aréos* (130 A1-2) *(🗺 J1) (metro L1 fino a Viktória)*, *www.oasa.gr:* su questo sito (in lingua greca e inglese) si possono consultare gli orari e i tragitti dei vari mezzi di trasporto.

VALUTA E PREZZI

I numerosi sportelli bancomat consentono di prelevare tramite bancomat, carta di credito o prepagata. Nelle banche e negli uffici postali è possibile cambiare travellers' cheques e valuta estera. *Orari di apertura: lun-gio 8-14, ven 8-13.30, all'aeroporto le banche fanno orario continuato.*

Di solito i prezzi ateniesi corrispondono a quelli italiani. Gli alberghi di categoria inferiore, le sigarette e i trasporti pubblici sono più economici, mentre la benzina, le tariffe per i parcheggi e i generi alimentari sono più costosi.

VIAGGIO

L'aereo è il mezzo più rapido ed economico per arrivare ad Atene, che è collegata giornalmente con numerosi aeroporti italiani *(da Roma 2 ore di volo; da Milano 2 ore e mezza)*. Arrivati in aeroporto, per raggiungere Atene comodamente c'è una navetta che fa servizio ogni 20 minuti 24 ore su 24 *(www.aia.gr)* fino a piazza Syntagma, con alcune fermate intermedie. I biglietti *(€6)* si possono acquistare al chiosco vicino alla fermata. Per raggiungere la città si può viaggiare anche in taxi, che in aeroporto sono numerosissimi; la tariffa ufficiale per un trasporto in centro ammonta a €38 *(da mezzanotte alle 5 del mattino, €50)*. Anche la linea 3 della metro collega l'aeroporto con il centro storico di Atene, e in particolare con piazza Syntagma e piazza Monastiráki. L'ultima opzione è il cosiddetto *proastiakó*, un treno suburbano che trasporta i passeggeri fino a Larísis, la stazione centrale di Atene. Sia i biglietti per la metropolitana che quelli per il treno *(€10 a persona, €18 per andata e ritorno)* si possono acquistare in aeroporto.

Per raggiungere la Grecia via mare si può partire da Venezia, Ancona, Bari o Brindisi. Il porto d'arrivo normalmente è Patrasso, una città situata a 200 chilometri a ovest di Atene.

Per raggiungere la Grecia è possibile anche viaggiare in auto, passando dai Balcani; per informazioni si consulti il sito dell'Automobile Club d'Italia.

FRASARIO GRECO

COME SI PRONUNCIA

Per semplificare la pronuncia dei termini e delle locuzioni greche è stata adottata una trascrizione fonetica semplificata (in parentesi quadre). Ecco alcune regole:
ð come l'inglese th in "the", [d] pronunciata con la punta della lingua dietro i denti
θ come l'inglese th in "think", [t] pronunciata con la punta della lingua tra i denti
Il corsivo indica che l'accento cade sulla sillaba.

Α	α	a	Η	η	i	Ν	ν	n	Τ	τ	t
Β	β	v, w	Θ	θ	th	Ξ	ξ	ks, x	Υ	υ	i, y
Γ	γ	g, i	Ι	ι	i, j	Ο	ο	o	Φ	φ	f
Δ	δ	d	Κ	κ	k	Π	π	p	Χ	χ	ch
Ε	ε	e	Λ	λ	l	Ρ	ρ	r	Ψ	ψ	ps
Ζ	ζ	s, z	Μ	μ	m	Σ	σ, ς	s, ss	Ω	ώ	o

VOCABOLARIO BASE

sì/no	ne/ohi	Ναι/ Όχι
forse	isos	Ίσως
prego/per favore	parakalo/parakalo	Παρακαλώ/Παρακαλώ
grazie	efharisto	Ευχαριστώ
Scusi!	Signomi!	Συγνώμη!
Scusate!	Mesighiorite!	Με συγχωρείτε
Potrei...?	Epitrepete...?	Επιτρέπεται...?
Come ha detto?	Oriste?	Ορίστε?
Vorrei...	θelo...	Θέλω...
Avete...?	Ahiete...?	Έχετε...?
Quanto costa...?	Posso kani...?	Πόσο κάνει...?
(non) mi piace	afto (ðen) mu aresi	Αυτό (δεν) μου αρέσει
buono/cattivo	kalo/kako	καλό/κακό
troppo/molto/poco	para poli/poli/ligo	πάρα πολύ/πολύ/λίγο
tutto/niente	ola/tipota	όλα/τίποτα
Aiuto!/Attenzione!	Voiθia!/Prosohi!	Βοήθεια!/Προσοχή
ambulanza	asθenoforo	Ασθενοφόρο
polizia	astinomia	Αστυνομία
vigili del fuoco	pirosvestiki	Πυροσβεστική
divieto/vietato	apagorefsi/apagorevete	Απαγόρευση/απαγορέυεται
pericolo/pericoloso	kindinos/epikindinos	Κίνδυνος/επικίνδυνος

Milás elliniká?

"Parli greco?" Questo frasario vi aiuterà ad apprendere parole e frasi d'uso comune

SALUTI

Buongiorno!/Buonasera!/ Buonanotte!	Kalimera!/Kalispera!/ Kalinihta!	Καλημέρα!/Καλησπέρα!/ Καληνύχτα!
Ciao!/Arrivederci!	Yia (su/sas)!/Adio!	Γεία (σου/σας)!/αντίο!
mi chiamo...	me lene…	Με λένε…
Lei come si chiama?	Pos sas lene?	Πως σας λένε?

DATA E ORA

lunedì	ðeftera	Δευτέρα
martedì	triti	Τρίτη
mercoledì	tetarti	Τετάρτη
giovedì	pempti	Πέμπτη
venerdì	paraskevi	Παρασκευή
sabato	savato	Σάββατο
domenica	kiriaki	Κυριακή
giorno feriale	ergasimi	Εργάσιμη
oggi/domani/ieri	simera/avrio/hites	Σήμερα/Αύριο/Χτες
Che ore sono?	Ti ora ine?	Τι ώρα είναι?

PER STRADA

aperto/chiuso	anihto/klisto	Ανοικτό/Κλειστό
entrata	isoðos	Έισοδος
uscita	eksoðos	Έξοδος
partenza/arrivo	anahiorisi/afiksi	Αναχώρηση/Άφιξη
toilette/signore/signori	tualetes/ginekon/andron	Τουαλέτες/Γυναικών/Ανδρών
acqua potabile	posimo nero	Πόσιμο νερό
Dov'è...?/Dove sono...?	Pu ine…?	Πού είναι…?
autobus/taxi	leoforio/taksi	Λεωφορείο/Ταξί
mappa della città/ mappa (del paese)	hiartis tis polis/hiartis	Χάρτης της πόλης/Χάρτης
porto	limani	Λιμάνι
aeroporto	aerodromio	Αεροδρόμιο
orari/biglietto	dromologio/isitirio	Δρομολόγιο/Εισιτήριο
vorrei noleggiare...	θelo na nikiaso…	Θέλω να νοικιάσω…
un'auto/una bicicletta/ una barca	ena aftokinito/ena poðilato/ mia varka	ένα αυτοκίνητο/ένα ποδήλατο/μία βάρκα
stazione di servizio	venzinaðiko	Βενζινάδικο
benzina	wenzini	Βενζίνη
diesel	dizel	Ντίζελ

MANGIARE E BERE

Per favore, prenotateci un tavolo per quattro persone per questa sera	Kliste mas parakalo ena trapezi ya apopse ya tessera atoma	Κλείστε μας παρακαλώ ένα τραπέζι γιά απόψε γιά τέσσερα άτομα
Il menu, per favore	Ton katalogo parakalo	Τον κατάλογο παρακαλώ
Per favore, potrei avere...?	θaiθela na ehio…?	Θα ήθελα να έχο…?
vegetariano/allergia	hortofagos/allergia	Χορτοφάγος/Αλλεργία
Vorrei il conto, per favore	θelo na pliroso parakalo	Θέλω να πληρώσω παρακαλώ

SHOPPING

Dove trovo...?	Puθavro…?	Που θα βρω…?
farmacia/profumeria	farmakio/katastima kallintikon	Φαρμακείο/Κατάστημα καλλυντικών
panificio	furnos	Φούρνος
mercato	agora	Αγορά
negozio di alimentari	panðopolio	Παντοπωλείο
edicola	periptero	Περίπτερο
costoso/economico	akrivos/ftinos	ακριβός/ φτηνός
prezzo	timi	Τιμή
più/meno	pyo/ligotero	πιό/λιγότερο

DORMIRE

Ho prenotato una camera	Kratisa ena domatyo	Κράτησα ένα δωμάτιο
Avete ancora...	ehiete akoma…	Έχετε ακόμα…
camera singola/doppia	monoklino/diklino	Μονόκλινο/Δίκλινο
chiave	kliði	Κλειδί
chiave elettronica	ilektroniko kliði	Ηλεκτρονικό κλειδί

SALUTE

medico	yiatros	Ιατρός
dentista	oðondoyiatros	Οδοντογιατρός
pediatra	peðiatros	Παιδίατρος
ospedale	nosokomio	Νοσοκομείο
ambulatorio	yiatriko kentro	Ιατρικό κέντρο
febbre	piretos	Πυρετός
dolore	ponos	Πόνος
diarrea	ðiarria	Διάρροια
nausea	anagula	Αναγούλα
scottatura solare	iliako engavma	Ηλιακό έγκαυμα
infiammato	molimeno	μολυμένο
ferito	pligomeno	πληγωμένο

antidolorifico	pafsipono	Παυσίπονο
compressa	hiapi	Χάπι

TELECOMUNICAZIONI E MEDIA

francobollo	gramatosimo	Γραμματόσημο
lettera	gramma	Γράμμα
cartolina	kart-postal	Καρτ-ποστάλ
Avrei bisogno di una scheda telefonica per la rete fissa	kriazome mia tilekarta ja ðimosio tilefoniko θalamo	Χρειάζομαι μία τηλεκάρτα για δημόσιο τηλεφωνικό θάλαμο
Sto cercando una scheda prepagata per il mio cellulare	θa iθela mia karta yia to kinito mu	Θα ήθελα μία κάρτα για το κινητό μου
Dove trovo un accesso a Internet?	Pu boro na vro prosvasi sto indernet?	Που μπορώ να βρω πρόσβαση στο ίντερνετ?
connessione Internet/wi-fi	sinðesi se asirmato ðitio/vaifai	Σύνδεση σε ασύρματο δίκτυο/WiFi

TEMPO LIBERO, SPORT E SPIAGGE

spiaggia	para'lia	Παραλία
ombrellone	om'brella	Ομπρέλα
sdraio	ksap'plostra	Ξαπλώστρα

NUMERI

0	mi'dhen	μηδέν
1	'enna	ένα
2	'dhio	δύο
3	'tria	τρία
4	'tessara	τέσσερα
5	'pende	πέντε
6	'eksi	έξι
7	ef'ta	εφτά
8	och'to	οχτώ
9	e'nea	εννέα
10	'dhekka	δέκα
11	'endhekka	ένδεκα
12	'dodhekka	δώδεκα
20	'ikossi	είκοσι
50	pen'inda	πενήντα
100	eka'to	εκατό
200	dhia'kossja	διακόσια
1000	'chilia	χίλια
10.000	'dhekka chil'jades	δέκα χιλιάδες

ATLANTE STRADALE

La linea verde indica *Il tour ideale* descritto nel capitolo *Passeggiate in città*
La linea blu indica gli altri percorsi
Tutti gli itinerari sono riportati anche nella carta estraibile

In foto: Odós Adrianoú

A spasso per Atene

Le zone di riferimento delle cartine si trovano sul retro della copertina di questa guida

Panagi Tsaldari (Pireos)
129
Stathmos Eleftherias (Koumoundourou)
A
B
C
Ágios Ioánnis
Ágios Athanásios
Evripidou
Aristogito
1
Dim. Scholio
Apostolikí Ekklisía
Ágios Grigórios
Salaminos
Psaromiligou
Ágion Asomaton
Keramikós
Mouseio Keramikou
Melidoni
Agía Paraskeví
Agií Anárgyri
Ágios Dimítrios
Pl. Ag. Anargyron
Pl. Iroon
PSIRRI
Pl. Asomaton
Agií Asómati
Ermou
2
Ágios Athanásios
Stathmos Isap Thisiou
Thisio
MONASTIRÁKI
Adrianou
Pl. Avissinias
Pl. Monastiráki
Stathmos Isap Monastiráki
Tsisdarakis-Tsami
Athinas
THISÍO
Ágios Fílippos
Alsos Thisiou
Apostolou Pavlou
3
Thisio
Naos tou Ares
Agorá-Mouseio
Archaia Agorá
Odeon tis Agrippa
Stoá tou Attalou
Ágios Taxiárches & Panagía Grigoroúsa
Romaikí Agora
13
Pl. Thisiou
Agías Marinis
Agií Apóstoli
Ag. Marinis
Agía Marína
Agía Paraskéví
Agía Ánna
4
Mouseio Kanellopoulou
Metamórfos Sotíri
Dimitriou Eginitou
Pnyka
Areos Pagos
Propyläe
Akropoli
Erechtheion
Parthenon
15
Naos tis Nikes
Thetrao Irodou Attiku
2
Asklepion
Stoa tou Eumenes
5
Filopappou
Ágios Dimítrios Loumbardiáris
Dionysiou Areopagitou
Agía Sofia
Fylaki tou Sokrátous
Ágios Konstantínos
Rovertou Gali
Garibaldi
Propileon
N. Kallisperi
Fratti
Kavalloti
6
100 m
109 yd
133

Panepistimio
Pl. K. Palamak
Panepistimio
130
D
Demborikó
E
F
Kentriki Agora
Filopoime
Eolou
Aristidou
Dragatsaniou
Korai
Akadimia
Elefth. Venizelou (Panepistimiou)
Stoa Athine
Vissarionos
1
Evripidou
Pl. Ág. Theodoron
Pl. Klafthmonos
Ofthalmiatrio Athinon
Panagía Hrisospiliotissis
Ágios Theodori
Skouleniou
Germanou
P.P. Germanou
I. Paparigopoulou
Edouardou Lo
Ágios Dionísios
Polykleitou
Hrisostemou
Mouseio Vorou Eftaxias
3
Trígono
Miltiadou
Stadiou
Ag. Athanasios
Ag. Markou
Nikiou
Praxitelous
Ch. Lada
Omirou
Amerikis
Leocharous
Ast. T. Akropoleos
Ethniko Storiko Mouseion
Nomismat. Mouseio
Kolokotroni
Ágios Geórgios
Karytsi
A. Tazi
Pl. Kolokotroni
Kolokotroni
Polikatastima Attica
2
Skouze
Agía Iríni
Kalamiotou
Kilitou
Romvis
Thiseos
Stoa Zembini
Lekka
Eolou
Athinedos
Evangelistrias
Perikleous
Karagiorgi Servias
1
Ermou
Kapnikaréa
Pl. Kapnikarea
Hristopoulou
Krina
Fokionos
Kornarou
Diomias
Voulis
Pl. Syntagmatos
Ermou
Kapnikareas
Petraki
Skopa
Nikis
Syntagma
Pl. Mitrópoleos
Megali Mitrópoli
Mitropoleos
Agía Dynami
3
Pl. Agoras
Ag. Vlachou
Mikri Mitrópoli
Ipatias
Patroou
Pentelis
Othonos
Apollonos
3
Apollonos
Mouseio
Iprou
Voulis
Skouthou
Ag. Filotheis
Ágios Andréas
Gymnasio
Xenofontos
3
Diogenous
Nikis
Agía Spyridon
Kyrristou
2
Agía Iríni
Thoukydidou
Navarchou Nikodimou
Navarchou Nikodimou
Fillelinon
Rósiki Ekklisía
1
Lisiou
Erechtheos
Flessa
Adrianou
Iperidou
Kodrou
G. Souri
4
Mnisikleous
Erotokritou
14
Pláka
Lamachou
Evraikos Muouseio
Pritaniou
Geráni (Scholarhio)
Echoliou
Gymnasio
Kekropos
Metamórfosi Sotira
Mouseio Ellinikí Laiki Techni
Leof. Vas. Amalias
Panepistimio
Hill
Mouseio Pedon
Simonidou
Ágios Nikólaos
Rangava
Tripodon
12
2
Geronta
Ag.
K. Tsatsou
Mouseio Frissiras
Anglikaniki Ekklisía
Ágios Geórgios
Stratonos
Kidathineon
Pl. Eterias
Hrisos-tomou
Dedalou
Sp. Tsagari
Ethnikós Kípos
Pl. Lysikratous
Afroditis
Thalou
Pittakou
Perrandrou
8
5
Mnimio tou Thrasyllos
Epimenidou
Lisikratous-Mnimio
Herefontos
Agía Ekateríni
Galanou
Goura
Vas. Olgas
Theatro Dionysou
Odeon Perikleou
Ágios Dimítrios
Lisikratous
Evangeliki Ekklisía
Leof. Vas. Amalias
Vakchou
Thrasyllou
Vironos
Frinichou
Eschinou
Pyli Adrianoú
Leof. Andrea Syngrou
Syngrou
Olympieion (Temple of Zeus)
Akropoli-Mouseio
Akropoli
Makri
Izireon
4
6
Mitseon
3
Makrigianni
Porinou
Ath. Diakou
Leof. Andrea Syngrou
Hatzichristou
134
Agía Fontiní

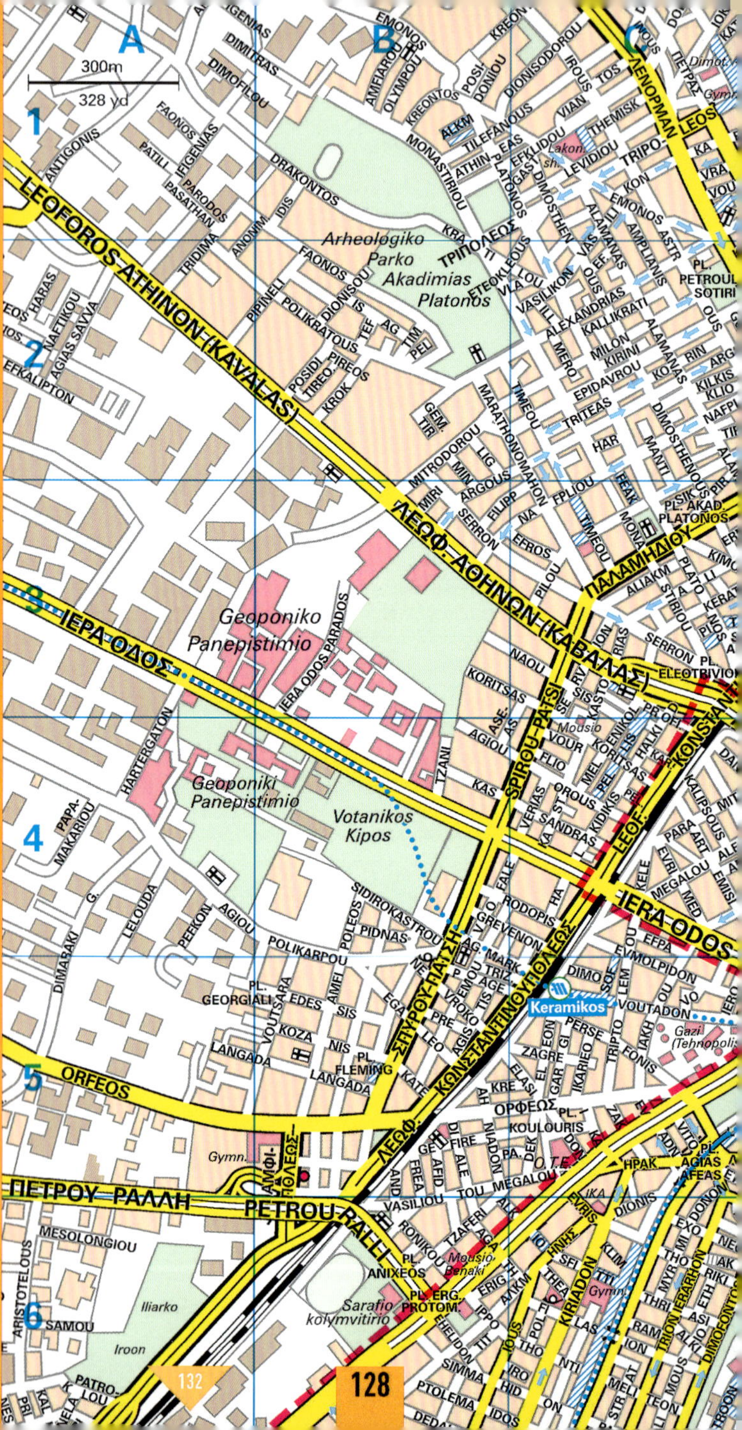

A
B
C
1
2
3
4
5
6
300m
328 yd
LEOFOROS ATHINON (KAVALAS)
ΛΕΩΦ. ΑΘΗΝΩΝ (ΚΑΒΑΛΑΣ)
Arheologiko Parko Akadimias Platonos
ΤΡΙΠΟΛΕΩΣ
TRIPOLEOS
LENORMAN
PL. PETROU SOTIRI
PL. AKAD. PLATONOS
ΠΑΛΑΜΗΔΙΟΥ
PL. ELEOTRIVION
IERA ODOS
ΙΕΡΑ ΟΔΟΣ
Geoponiko Panepistimio
Geoponiki Panepistimio
IERA ODOS PARADOS
Votanikos Kipos
SPIROU PATSI
ΣΠΥΡΟΥ ΠΑΤΣΗ
LEOF. KONSTANTINOUPOLEOS
ΛΕΩΦ. ΚΩΝΣΤΑΝΤΙΝΟΥΠΟΛΕΩΣ
Mousio
Keramikos
Gazi (Tehnopolis)
PL. GEORGIALI
PL. FLEMING
ORFEOS
ΟΡΦΕΩΣ
PL. KOULOURIS
O.T.E.
IKA
Gymn.
ΠΕΤΡΟΥ ΡΑΛΛΗ
PETROU RALLI
ΑΜΦΙΠΟΛΕΩΣ
Mousio Benaki
PL. ANIXEOS
PL. ERG. PROTOM.
Sarafio kolymvitirio
Iliarko
Iroon
PL. AGIAS AFEAS
132

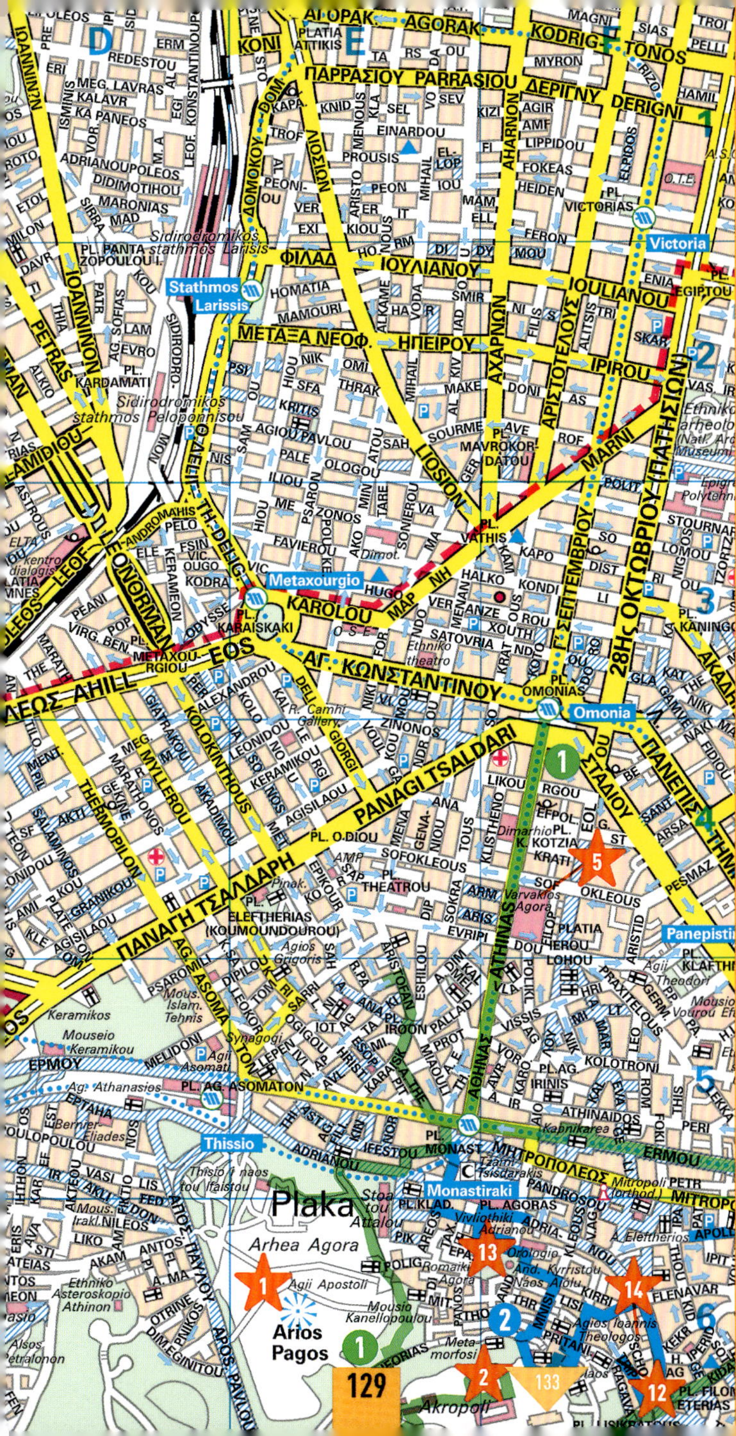
D
E
F
AGORAK.
KODRIGTONOS
ΠΑΡΡΑΣΙΟΥ PARRASIOU
ΔΕΡΙΓΝΥ DERIGNI
Victoria
Stathmos Larissis
Sidirodromikos stathmos Larisis
Sidirodromikos stathmos Peloponnisou
ΦΙΛΑΔ
ΙΟΥΛΙΑΝΟΥ
IOULIANOU
ΜΕΤΑΞΑ ΝΕΟΦ.
ΗΠΕΙΡΟΥ
IPIROU
ΑΧΑΡΝΩΝ
ΑΡΙΣΤΟΤΕΛΟΥΣ
ΠΕΤΡΑΣ
ΙΩΑΝΝΙΝΩΝ
LIOSION
MARNI
PL. VATHIS
Metaxourgio
KAROLOU
PL. KARAISKAKI
EOS
ΑΓ. ΚΩΝΣΤΑΝΤΙΝΟΥ
PL. OMONIAS
Omonia
ΓΕΠΤΕΜΒΡΙΟΥ
28ΗΣ ΟΚΤΩΒΡΙΟΥ (ΠΑΤΗΣΙΩΝ)
Ethniko Arheologiko (Natl. Arch. Museum)
Polytehnio
PANAGI TSALDARI
ΠΑΝΑΓΗ ΤΣΑΛΔΑΡΗ
PL. ELEFTHERIAS (KOUMOUNDOUROU)
KOLOKINTHOUS
THERMOPILON
ΣΤΑΔΙΟΥ
ΠΑΝΕΠΙΣΤΗΜΙΟΥ
Panepistimio
Dimarhio PL. K. KOTZIA
Varvakios Agora
ΑΘΗΝΑΣ
Keramikos
Mouseio Keramikou
ΕΡΜΟΥ
ERMOU
PL. AG. ASOMATON
Thissio
ADRIANOU
PL. MONAST.
ΜΗΤΡΟΠΟΛΕΩΣ
Monastiraki
Plaka
Arhea Agora
Agii Apostoli
Stoa tou Attalou
Areios Pagos
Romaiki Agora
Orologio
Mitropoli (orthod.)
Ethniko Asteroskopio Athinon
Alsos Petralonon
Akropoli
133

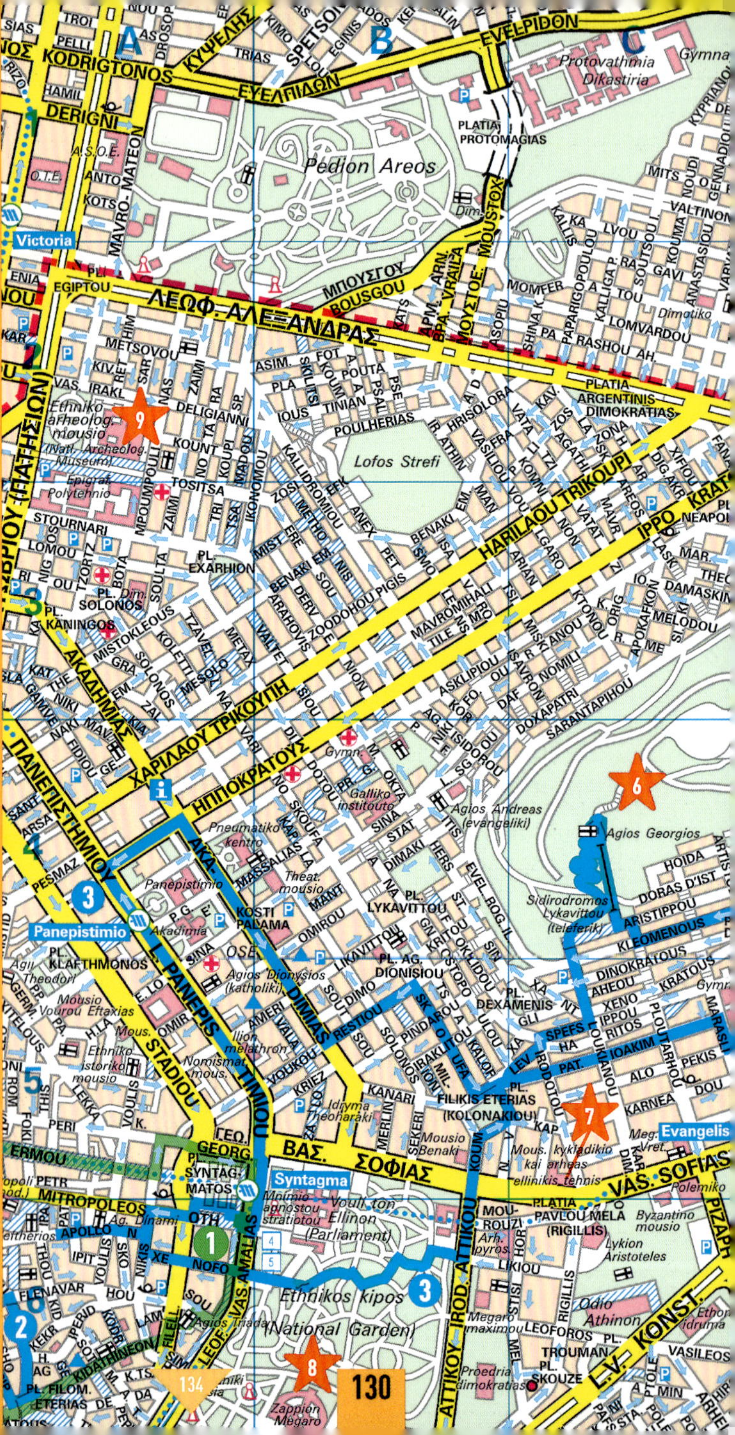
A
B
C
KODRIGTONOS
ΕΥΕΛΠΙΔΩΝ
EVELPIDON
Protovathmia Dikastiria
Gymna
DERIGNI
A.S.O.E.
O.T.E.
MAVRO. MATEON
Pedion Areos
PLATIA PROTOMAGIAS
Victoria
PL. EGIPTOU
ΛΕΩΦ. ΑΛΕΞΑΝΔΡΑΣ
ΜΠΟΥΣΓΟΥ
BOUSGOU
ΜΟΥΣΤΟΞ
MOUSTOX
VALTINOU
LOMVARDOU
Dimotiko
PLATIA ARGENTINIS DIMOKRATIAS
METSOVOU
DELIGIANNI
Ethniko arheolog. mousio
(Natl. Archeolog. Museum)
Epigraf.
Polytehnio
TOSITSA
POULHERIAS
Lofos Strefi
HARILAOU TRIKOUPI
IPPO KRAT
NEAPOL
STOURNARI
PL. EXARHION
PL. Dim. SOLONOS
PL. KANINGOS
ΑΚΑΔΗΜΙΑΣ
ΧΑΡΙΛΑΟΥ ΤΡΙΚΟΥΠΗ
ΙΠΠΟΚΡΑΤΟΥΣ
ΠΑΝΕΠΙΣΤΗΜΙΟΥ
DAMASKIN
MELODOU
ASKLIPIOU
DOXAPATRI
SARANTAPIHOU
Gymn.
Galliko institouto
Agios Andreas (evangeliki)
Agios Georgios
Pneumatiko kentro
Theat. mousio
Panepistimio
Akadimia
KOSTI PALAMA
PL. LYKAVITTOU
Sidirodromos Lykavittou (teleferik)
ARISTIPPOU
KLEOMENOUS
DINOKRATOUS
PL. KLAFTHMONOS
Agioi Theodori
Mousio Vourou Eftaxias
Agios Dionysios (katholiki)
PL. AG. DIONISIOU
PL. DEXAMENIS
Ethniko istoriko mousio
Ilion melathron
Nomismat. mous.
STADIOU
L. PANEPIS
DIMIAS
SPEFS
IOAKIM
PLOUTARHOU
Idryma Theoharaki
FILIKIS ETERIAS (KOLONAKIOU)
KANARI
Mousio Benaki
Mous. kykladikio kai arheas ellinikis tehnis
Evangelis
ΒΑΣ. ΣΟΦΙΑΣ
VAS. SOFIAS
ERMOU
SYNTAGMATOS
Syntagma
MITROPOLEOS
Mnimio agnostou stratiotou
Vouli ton Ellinon (Parliament)
PLATIA PAVLOU MELA (RIGILLIS)
Polemiko
Byzantino mousio
Lykion Aristoteles
Ethnikos kipos (National Garden)
LEOF. VAS. AMALIAS
IROD. ATTIKOU
Megaro maximou
LEOFOROS
Odio Athinon
Ethniko idruma
TROUMAN PL. SKOUZE
VASILEOS
L.V. KONST.
Proedria dimokratias
Zappion Megaro
KIDATHINEON
PL. FILOM. ETERIAS
Agios Triada
134

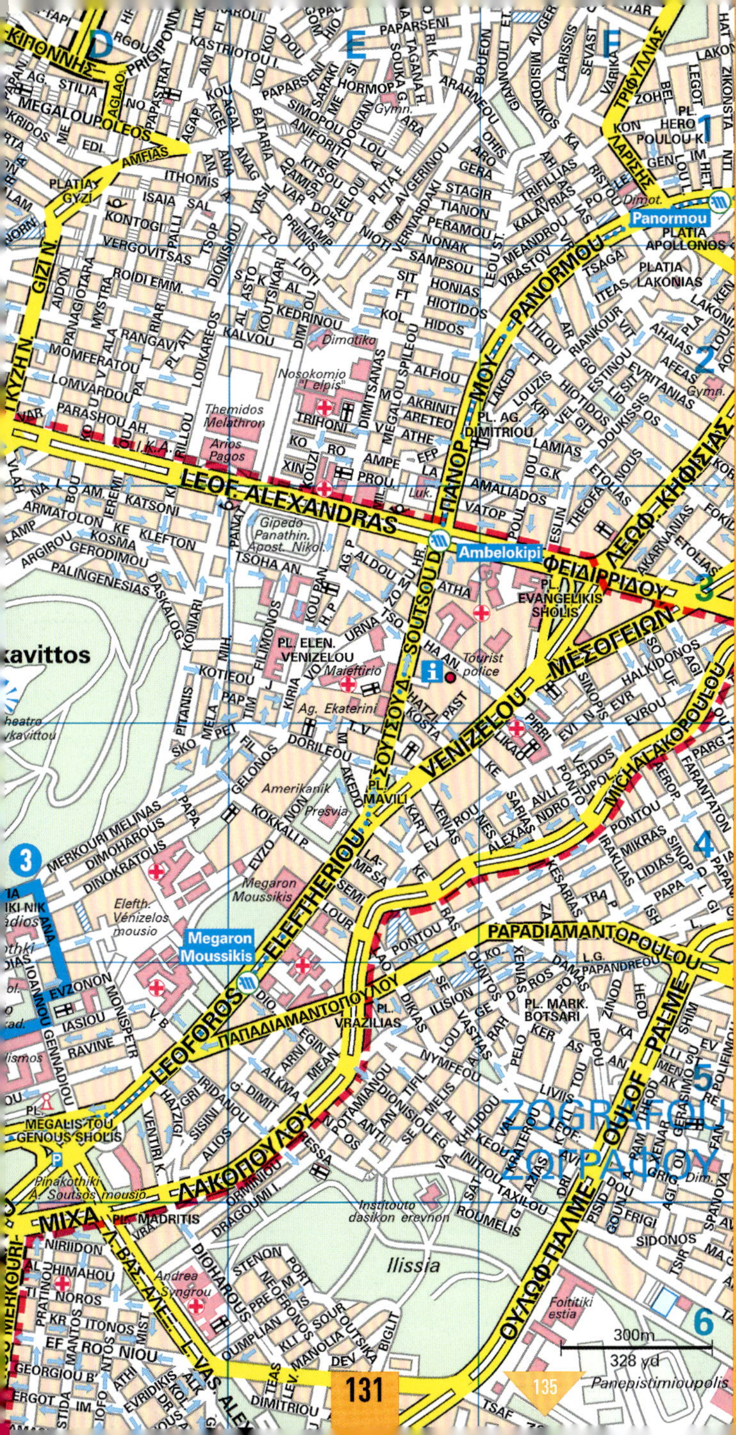
D
E
F
1
2
3
4
5
6
3
LEOF. ALEXANDRAS
ΦΕΙΔΙΠΠΙΔΟΥ
ΛΕΩΦ. ΚΗΦΙΣΙΑΣ
ΜΕΣΟΓΕΙΩΝ
PANORMOU
ΠΑΝΟΡΜΟΥ
Panormou
Ambelokipi
Megaron Moussikis
PLATIA APOLLONOS
PLATIA LAKONIAS
PL. AG. DIMITRIOU
PL. EVANGELIKIS SHOLIS
PL. ELEN. VENIZELOU
PL. MAVILI
PL. VRAZILIAS
PL. MARK. BOTSARI
PL. MEGALIS TOU GENOUS SHOLIS
PL. MADRITIS
PLATIA GYZI
VENIZELOU
ΣΟΥΤΣΟΥ Δ.
SOUTSOU D.
ELEFTHERIOU
LEOFOROS
ΛΕΩΦΟΡΟΣ
MICHALAKOPOULOU
PAPADIAMANTOPOULOU
ΠΑΠΑΔΙΑΜΑΝΤΟΠΟΥΛΟΥ
ΔΑΚΟΠΟΥΛΟΥ
ΜΙΧΑ
ΟΥΛΟΦ ΠΑΛΜΕ
OULOF PALME
ZOGRAFOU
ΖΩΓΡΑΦΟΥ
ΤΡΙΦΥΛΛΙΑΣ
ΚΙΠΟΝΝΗΣ
GIZI N.
MEGALOUPOLEOS
AMFIAS
Themidos Melathron
Arios Pagos
Nosokomio "I elpis"
Dimotiko
Gipedo Panathin. Apost. Nikol.
Tourist police
Maieftirio
Ag. Ekaterini
Amerikanik
Presvia
Megaron Moussikis
Elefth. Venizelos mousio
Pinakothiki A. Soutsos mousio
Andrea Syngrou
Institouto dasikon erevnon
Ilissia
Foititiki estia
Panepistimioupolis
kavittos
heatro vkavittou
300m
328 yd

135

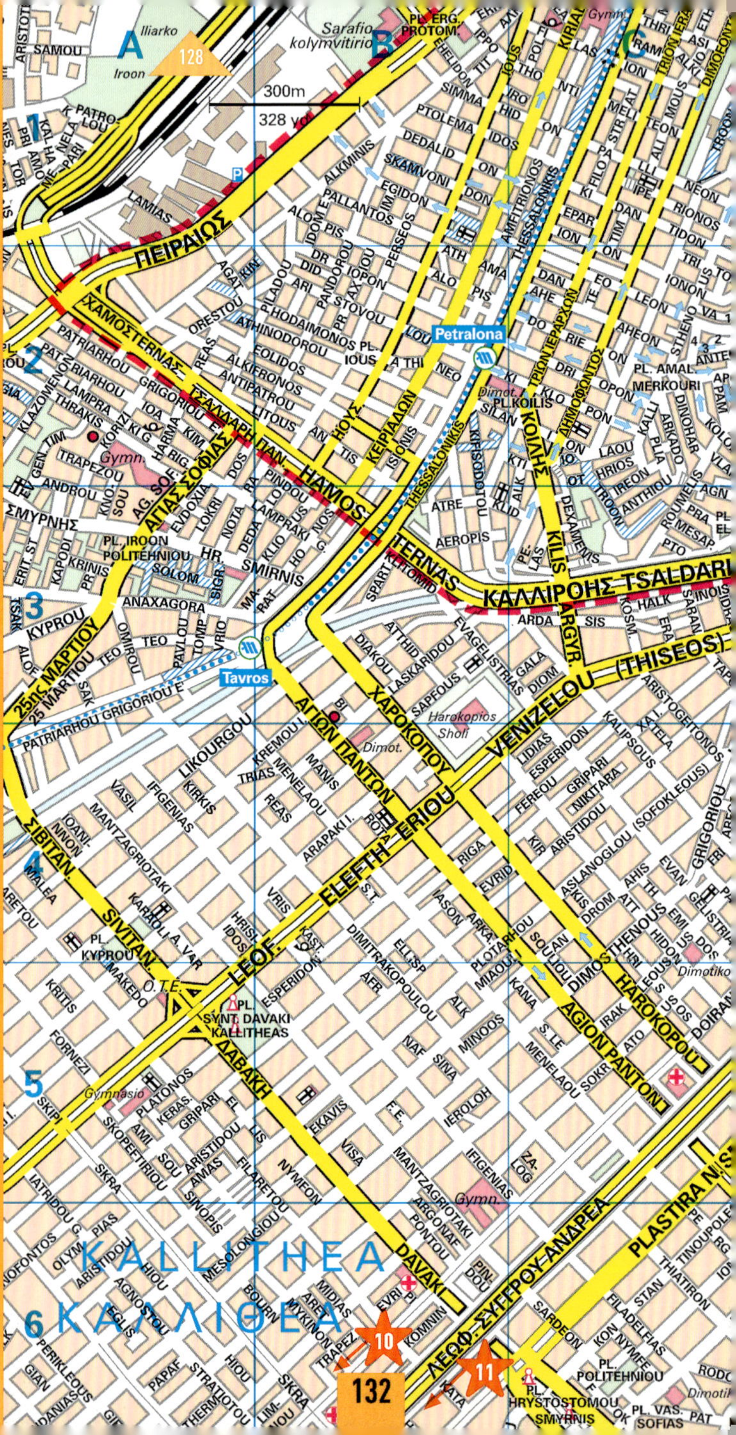

A
B
C
128
Iliarko
Iroon
Sarafio kolymvitirio
PL. ERG. PROTOM.
300m
328 yd
ΠΕΙΡΑΙΩΣ
ΧΑΜΟΣΤΕΡΝΑΣ
ΤΣΑΛΔΑΡΗ ΠΑΝ.
HAMOS
TERNAS
ΚΑΛΛΙΡΟΗΣ TSALDARI
ΑΓΙΑΣ ΣΟΦΙΑΣ
AG. SOF.
ΣΜΥΡΝΗΣ
PL. IROON POLITEHNIOU
ANAXAGORA
KYPROU
25ης ΜΑΡΤΙΟΥ
25 MARTIOU
PATRIARHOU GRIGORIOU E
Petralona
Tavros
THESSALONIKIS
ΤΡΙΩΝ ΙΕΡΑΡΧΩΝ
ΔΗΜΟΦΩΝΤΟΣ
PL. AMAL. MERKOURI
PL. KOILIS
KEIPIADON
ΑΓΙΩΝ ΠΑΝΤΩΝ
ΧΑΡΟΚΟΠΟΥ
Harokopios Sholi
VENIZELOU (THISEOS)
ELEFTH. ERIOU
LEOF.
ΣΙΒΙΤΑΝ.
SIVITAN.
PL. KYPROU
O.T.E.
PL. SYNT. DAVAKI KALLITHEAS
ΔΑΒΑΚΗ
DAVAKI
AGION PANTON
HAROKOPOU
DIMOSTHENOUS
Dimotiko
Gymnasio
Gymn.
Dimot.
ΛΕΟΦ. ΣΥΓΓΡΟΥ-ΑΝΔΡΕΑ
PLASTIRA N.
KALLITHEA
ΚΑΛΛΙΘΕΑ
PL. POLITEHNIOU
PL. HRYSTOSTOMOU SMYRNIS
PL. VAS. SOFIAS
10
11
132
1
2
3
4
5
6

ATHINA
ΑΘΗΝΑ
Arios Pagos
Akropoli
Theatro Irodou Attikou
Pnyka
Lofos Nymfon
Ihos kai fos
Agios Dimitrios
Fylaki tou Sokratous
Theatro Doras Stratou
Mnimio Filopappou
1 EVRINOMIS
2 ETHERIAS
3 PSAMATHIS
4 EFIRIAS
Mouseio Kanellopoulou
Metamorfosi
Ag. Nikolaos
Theatro Dionysou
ΔΙΟ. ΑΡΕΟΠΑΓΙΤΟΥ
AREOPAGITOU
Mousio Akropolis
Akropoli
PL. LISIKRATOUS
PL. FILOM.
Agia Ekaterini
PL. TSOK.
SYNGROU
ANDREA
KALLIR
PL. GARGARETAS
Syngrou-Fix
PLATIA AGIOU PANTELEIMONOS
PL. KINO SARGOUS
PL. LEFKAS
LEOF.
KALLIROIS
ΚΑΛΛΙΡΟΗΣ
PLATIA KOUNTOURIOTI
PL. GERMANOU HRISTIANOUPOLEOS
AM. ΦΡΑΝΤ.
AM. FRANTZI
ΛΑΓΟΥΜΙΤΖΗ
LAGOUMITZI
Pant. Panepist.
Onassis Cultural Center
ΕΥΡΥΔΑΜΑΝΤΟΣ
EVRIDAMANTOS
ΠΥΡΡΑΣ
PIRRAS
Athletiko Kentro Neotikos
Neos Kosmos
ΗΛΙΑ ΗΛΙΟΥ
ILIA
ΚΑΣΟΜΟΥΛΗ
KASOMOU
PL. MAHIS ANALATOU
M. ANALAT.
Μ. ΑΝΑΛΑΤ.
ΜΠΑΚΝΑΝΑ
BAKNANA
ΡΟΥΜΠΕΣΗ
ROUMPESI
ΜΠΟΥΜΠ
BOUMPOL
Gymnasio
ASPROGER
Pronias
Dimot.
ΚΡΑΤΗΤΟΣ
KRATITOS
ΑΙΓΑΙΟΥ
VENIZELOU
ΑΚΡΟΠΟΛΕΩΣ
PL. ETH. ANTIST.
PLATIA ZOODOHOU
DAFNI
ΔΑΦΝΗ
Alsos Smyrnis
PL. IRINIS
PL. 25 MAR
D
E
1
2
3
4
5
6
129
14
12
15
2
3

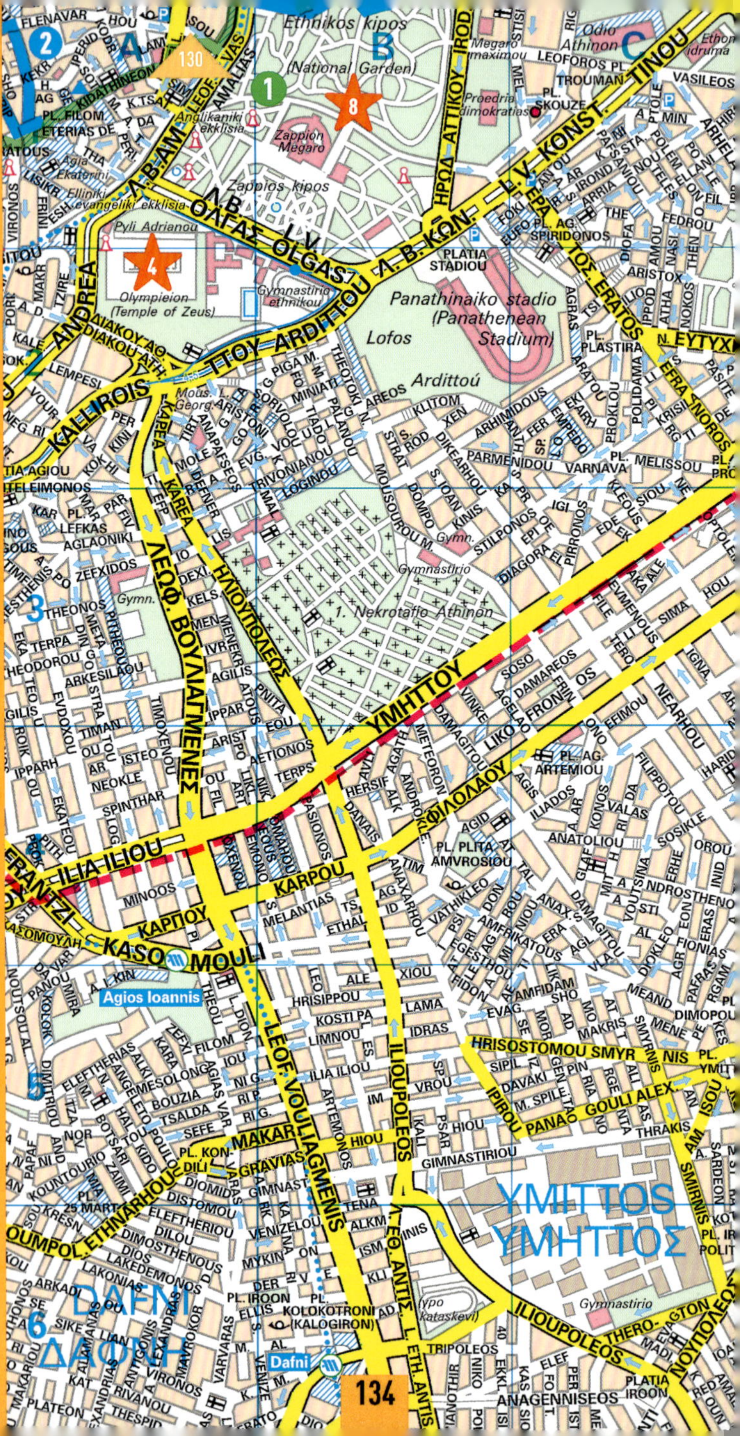
Ethnikos kipos
(National Garden)
Zappion Megaro
Zappios kipos
Anglikaniki ekklisia
Agia Ekaterini
Elliniki evangeliki ekklisia
Pyli Adrianou
Olympieion
(Temple of Zeus)
Gymnastirio ethnikou
Odio Athinon
Megaro maximou
Proedria dimokratias
Ethon idruma
PL. SKOUZE
PLATIA STADIOU
Panathinaiko stadio
(Panathenean Stadium)
Lofos Ardittoú
PL. PLASTIRA
PL. MELISSOU
1. Nekrotafio Athinon
Gymnastirio
PL. AG. ARTEMIOU
PL. PLITA AMVROSIOU
Agios Ioannis
ΥΜΗΤΤΟΣ
ΥΜΗΤΤΟΣ
DAFNI
ΔΑΦΝΗ
Dafni
PL. IROON
KOLOKOTRONI (KALOGIRON)
(ypo kataskevi)
Gymnastirio
PLATIA IROON
ΛΕΩΦ. ΒΟΥΛΙΑΓΜΕΝΗΣ
ΗΛΙΟΥΠΟΛΕΩΣ
ΥΜΗΤΤΟΥ
ΦΙΛΟΛΑΟΥ
ILIA ILIOU
KASOMOULI
ΚΑΡΠΟΥ
LEOF. VOULIAGMENIS
ILIOUPOLEOS
HRISOSTOMOU SMYRNIS
OLGAS
ARDITTOU
KALLIROIS
ANDREA
VAS. KONST.
TINOU
ΕΡΑΤΟΣΘΕΝΟΥΣ
130

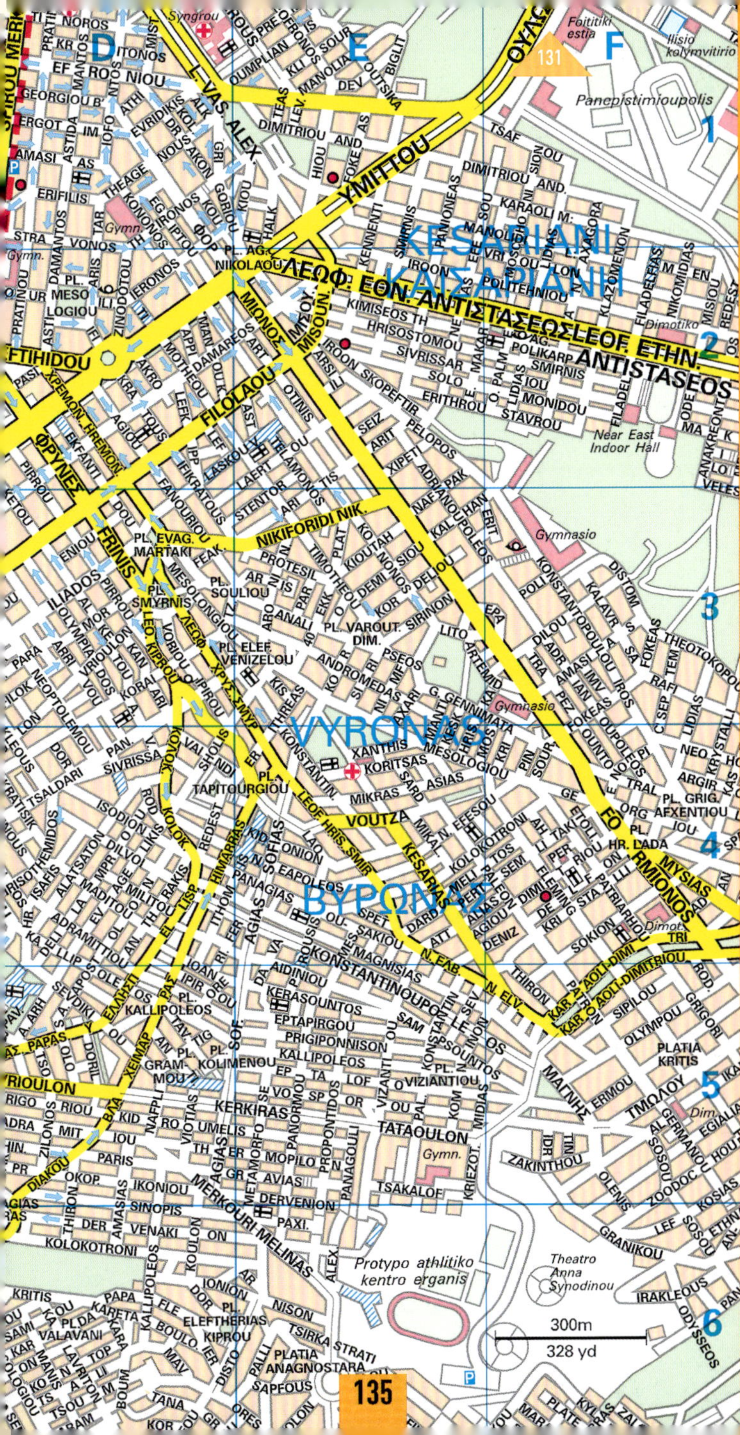

D
E
F
131
1
2
3
4
5
6
Foititiki estia
Ilisio kolymvitirio
Panepistimioupolis
Syngrou
KESARIANI
ΚΑΙΣΑΡΙΑΝΗ
VYRONAS
ΒΥΡΩΝΑΣ
ΥΜΗΤΤΟΥ
ΛΕΩΦ. ΕΘΝ. ΑΝΤΙΣΤΑΣΕΩΣ
LEOF. ETHN. ANTISTASEOS
L. VAS. ALEX.
PL. AG. NIKOLAOU
FILOLAOU
ΦΡΥΝΗΣ
FRINIS
NIKIFORIDI NIK.
PL. EVAG. MARTAKI
PL. SMYRNIS
PL. SOULIOU
PL. ELEF. VENIZELOU
PL. VAROUT. DIM.
PL. TAPITOURGIOU
LEOF. HRIS. SMIR
VOUTZA
KESARIAS
FORMIONOS
MYSIAS
PL. HR. LADA
PL. GRIG. AFXENTIOU
KAR. ... AOLI DIMITRIOU
KONSTANTINOUPOLEOS
PL. KALLIPOLEOS
PLATIA KRITIS
ΜΑΓΝΗΣ
ΤΜΩΛΟΥ
TATAOULON
KERKIRAS
MERKOURI MELINAS
Near East Indoor Hall
Gymnasio
Gymn.
Dimotiko
Dimot.
Dim.
Protypo athlitiko kentro erganis
Theatro Anna Synodinou
PL. ELEFTHERIAS
PLATIA ANAGNOSTARA
300m
328 yd

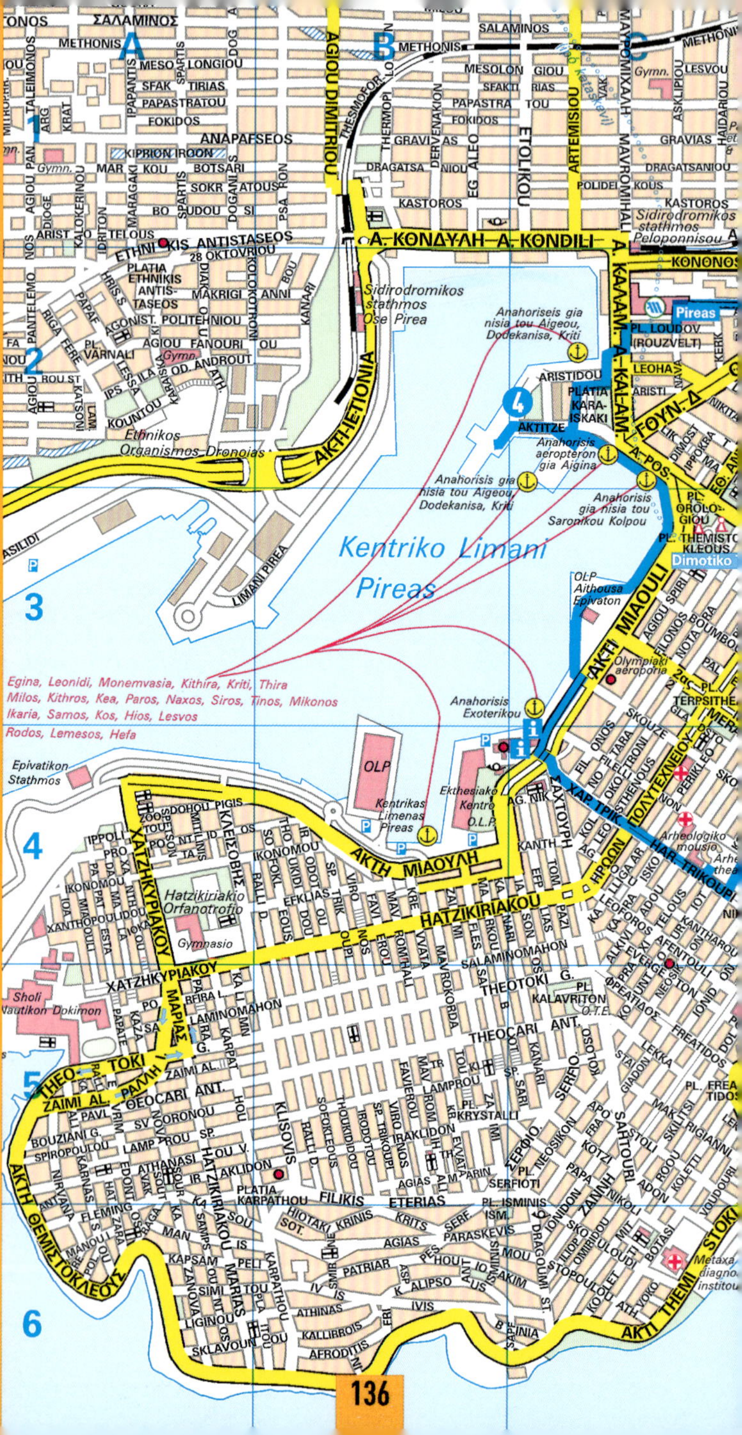
A
B
C
1
2
3
4
5
6
ΣΑΛΑΜΙΝΟΣ
METHONIS
SALAMINOS
AGIOU DIMITRIOU
ANAPAFSEOS
ETOLIKOU
ARTEMISIOU
ΜΑΥΡΟΜΙΧΑΛΗ
MAVROMIHALI
KASTOROS
Sidirodromikos stathmos Peloponnisou
Α. ΚΟΝΔΥΛΗ–Α. KONDILI
ETHNIKIS ANTISTASEOS
28 OKTOVRIOU
PLATIA ETHNIKIS ANTISTASEOS
POLITEHNIOU
AGIOU FANOURI
OD. ANDROUT
Ethnikos Organismos Dromonias
Sidirodromikos stathmos Ose Pirea
AKTI IETIONIA
ΚΟΝΟΝΟΣ
Pireas
PL. LOUDOV (ROUZVELT)
Anahoriseis gia nisia tou Aigeou, Dodekanisa, Kriti
PLATIA KARAISKAKI
AKTITZE
Anahorisis aeropteron gia Aigina
Anahorisis gia nisia tou Aigeou, Dodekanisa, Kriti
Anahorisis gia nisia tou Saronikou Kolpou
PL. OROLOGIOU
PL. THEMISTOKLEOUS
Dimotiko
LIMANI PIREA
Kentriko Limani Pireas
OLP Aithousa Epivaton
AKTI MIAOULI
Olympiaki aeroporia
Egina, Leonidi, Monemvasia, Kithira, Kriti, Thira
Milos, Kithros, Kea, Paros, Naxos, Siros, Tinos, Mikonos
Ikaria, Samos, Kos, Hios, Lesvos
Rodos, Lemesos, Hefa
Anahorisis Exoterikou
Epivatikon Stathmos
OLP
Kentrikas Limenas Pireas
Ekthesiako Kentro O.L.P.
ΑΚΤΗ ΜΙΑΟΥΛΗ
ΧΑΤΖΗΚΥΡΙΑΚΟΥ
HATZIKIRIAKOU
Hatzikiriakio Orfanotrofio
Gymnasio
ΧΑΡ. ΤΡΙΚ.
HAR. TRIKOUPI
ΠΟΛΥΤΕΧΝΕΙΟΥ
ΗΡΩΩΝ
Arheologiko mousio
Sholi Nautikon Dokimon
SALAMINOMAHON
THEOTOKI G.
PL. KALAVRITON
THEOCARI ANT.
ΘΕΟΤΟΚΗ
ΖΑΙΜΗ ΑΛ.
ZAIMI AL.
ΘΕΟΧΑΡΗ ΑΝΤ.
PL. KRYSTALLI
KLISOVIS
PLATIA KARPATHOU
FILIKIS ETERIAS
PL. ISMINIS
ΣΕΡΦΙΩ.
SAHTOURI
ΑΚΤΗ ΘΕΜΙΣΤΟΚΛΕΟΥΣ
AKTI THEMI STOKL
Metaxa diagno institou

D
E
F
1
2
3
4
5
6
RETSINA
DODEKANISOU
ATHINON PIREOS
ΑΘΗΝΩΝ-ΠΕΙΡΑΙΩΣ
ATHINON
ΑΘΗΝΩΝ
ALIPEDOU
DIMOSTHENOUS
MIKRAS ASIAS
OMIRIDOU SKILITSI
GRIGORIOU LAMPRAKI
ΓΡΗΓΟΡΙΟΥ ΛΑΜΠΡΑΚΗ
ΣΥΝ. ΠΟΛΥΤΕΧΝΕΙΟΥ ΠΕΖ.
POLITEHNIOU
TZAVELLA
ΤΖΑΒΕΛΛΑ
ΠΥΛΗΣ
LEOF. VASILEOS PAVLOU
LEOF. VASILEOS GEORGIOU B.
LEOF. VAS. PAVLOU
ΛΕΟΦ. ΒΑΣ ΠΑΥΛΟΥ
AKTI MOUTSOPOULOU
A. KOUNT.
A. KOUMOUN
AKTI DILAVERI
PL. KORAI
Agios Konstandinos
Girokom. Pirea
Bowling Center
Dimotiko theatro veakio
PL. DELI-GIANNI
PL. KANARI
Stadio Georgios Karaiskakis
Panellinios sholi klostikis
Delfinario
Navtathl
Pasa-Limani
Mikro-Limano
Istioploikos omilos
Navtikos omilos
N.Koumoundourou
PL. ALEXANDRAS
Navtikos Omilos N.Falirou & Pirea
mousio
Saronikós Kólpos
300m
328 yd

A
B
C
Eptálofos
Eleón
Ethnikós Drimós Parnassós
Parnassós
Kato Tithoréa
Tithoréa
Panopéas
Dávlia
Ágios Vlásios
Herónia
Hlomó Óros
1080
Éxarhos
Koláka
Tragana
Pávlos
Dióníssos
Orhomenós
Pírgos
Kástro
Orhomenós
Ágios Dimítrios
Akréfnio
Klíssos
Aliartos
Alíartos
Delfí
Sernikáki
Delfí
Hrissó
Arahova
Kírra
Itéa
Desfína
Dístomo
1567
Tsoukaládes
Stíri
1487
Livádia
Λιβάδια
Galaxídi
Kólpos Itéas
Antikíra
Óssios Loukás
Ágios Geórgios
Elikónas
Koronía
Kiriáki
Pétra
Mavrommáti
Evangelístria
Askréa
Agía Ánna
1526
Thespiés
Vágia
Elikón Óros
1748
Paliovouna
Kólpos Antikíras
Akrotíri Ágios Pángalos
Korinthiakós Kólpos
Akrotíri Agiá
Pródromos
Thísvi
Paralía
Elopía
Léfktra
Ágios Ioánnis
Alikí
907
Egósthena
Kólpos Alkionídon
Níssi Alkionídes
Kato Alepohóri
Dervéni
Likoporiá
Kamári
Xilókastro
Elinikó
Evrostína
1757
Ríza
Réthi
Zemenó
Laliótis
Trikalitikos
Kiáto
Akrotíri Iréo
Iréo
Perahóra
Píssia
Geránia Óri
1351
Kinéta
Loutráki
Λουτράκι
Áno Sinikía Tríkala
Mánna
Soúli
Sikióna
Vélo
Kokkóni
Vrahati
Léheo
Kórinthos
Κόρινθος
Ágii Theódori
Krionéri
2376
Kefalári
Assopós
Zevgolatió
Arhéa K.
Isthmia
Díoriga Korínthou
Kalamáki Beach
Káto Almirí
Stimfalía
Kaliáni
Stimfalos
Límni Stimfalía
Psári
Kastráki
Stimánga
Halkiá
Arhéa Kórinthos
Akrokórinthos
Solomós
872
Spathossoúni
Arhées Kleonés
Galatás
Neméa
Athíkia
Sofikó
Skotíni
1272
Megalovouni
Ágios Vassílios
Arhéa Neméa
Hiliomódi
(320)
Ágios Ioánnis
Kórfos
Ormós Sofikoú
1078
Agionóri
Gimnó
Fihti
Mikínes
Límnes
Angelókastro
Froussioúna
Kefalóvrisso
Neohóri
1650
Stérna
Malandrénio
Iréo
1139
Dímena
Sángas
Kaparélli
Kariá
Koutsopódi
Hónikas
Arahnéo
Néa Epídavros
Árgos
Άργος
Agía Triáda
1199
Paleá Epídavros
Artemíssio Oros
1772
Nestáni
Loukás
Tírintha
Ligoúrio
Epidauros
Néa Kíos
Ágios Adrianós
Áno Fanári
Adámi
825
Mili
Lérna
Nafplio
Ναύπλιο
Assíni
Drépano
Ahladókambos
(700)
Kivéri
Toló
Kándia
Vor. Tripoli
Tegéa
Stenó
Parthéni
Platía
Paralía Iríon
Karnezéika
Dídima
1113
Kerassítsa
976
Rízes
Manthiréa
Agía Sofía
Stólos
Káto Doliana
Parálio Ástros
Ástros
Argolikós Kólpos
Psilí
Kilás
Kranídi
Kastrí
Vourvoura
Ágios Andréas
Korakovoúni
Ágios Pétros
Kariés
1935
Kastanítsa
Vamvakoú
Paralía Tiroú
Portohéli
Kósta
Spétses

D
E
F
1
2
3
4
5
6
Vórios Evoïkós Kólpos
Neotriviá
Politiká
Psahná
Kastélla
Stení Dírfios
Kathení
Kádio
Oxílithos
Pissónas
Místros
Séta
Trahíli
Orológi
Néa Artáki
Halkída
Χαλκίδα
Theológos
1171
Ólimbos
Évvia
Ágios Loukás
Neohóri
Lépoura
Kriezá
Loukíssia
Drossiá
Paralímni
1021
Mouríki
Ságmata
Eleónas/Ritsóna
Vathí
Vassilikó
Áno Váthia
Alivéri
Erétria
Amárinthos
Límni Distoú
Distós
Nótios Evoïkós Kólpos
Thíva
Θήβα
Árma
Shimatári
Tanágra
Dílesi
Skála Oropoú
Amphiareion
Kallithéa
Neohoráki
Inofita
Oropós
Ágii Apóstoli
Kálamos
648
Ágios Thomás
Malakása
Sfendáli
Asopós
Avlóna
Kapandríti
Kavalliani
Rámnous
Ethnikós Drimós Párnithas
Afídnes
Grammatikó
Agía Marína
Erithrés
Óros Pástra
1016
Píli
Skoúrta
Pánakto
Eléftheres
Párnitha Óros
1413
Karampóla
Ethnikó Párko Shiniá Marathóna
Marathónas
Shiniás
Moní Ossioú Meletíou
Fili
Agía Triás Parnithos
Klisto
Ágios Stéfanos
Marathon
Kólpos Petalíon
Vília
Inói
Agía Sotíra
Dekélia
Ekáli
Diónisos
Néa Mákri
Νέα Μάκρη
Mándra
Μάνδρα
Aspropírgos
Ασπρόπυργος
Aharnés
Kifissiá
Maroúsi
Pendéli
Ntaoú Pendéli
Mégara
Μέγαρα
Ílio
PERISTÉRIO
Agía Paraskeví
Rafína
Ραφήνα
Elefsína
Ελευσίνα
Néa Péramos
Halándri
Dáfni
Akrópolis
Pérama
Πέραμα
Níkea
Moní Kessarianí
Spáta
Ártemis
Άρτεμις
Fanerómeni
Páhi
Salamína
Σαλαμίνα
Keratsíni
KALLITHÉA
Peanía
Vravróna
Akrotíri Petrítis
PIREÁS
Πειραιάς
1026
Ilioúpoli
Eántio
Kakí
Koropí
Pórto Rafti
Salamína
ATHÍNA
Αθήνα
Glifáda
Markópoulo
Kalívia
Καλύβια
Moní Sotíros
Sarónikós Kólpos
Voúla
Vouliagméni
Várkiza
Keratéa
Lagoníssi
Fléves
Souvála
Aféa
Égina
Agía Marína
Anávissos
Thorikó
Angístri
Óros
534
Égina
Lávrio
Arsída
Paleá Fókea
Ethnikós Drimós Souníou
Makronissi
Pérdika
Angístri
Naós Posidónos
Káto Soúnio
Patróklou
Akrotíri Soúnio
Kounoupítsa
743
Methanikí Hersónissos
Méthana
Taktikoúpoli
Póros
Trizína
Galatás
Póros
Ágios Geórgios
721
Akrotíri Spathí
Saronída
Thermissía
Akrotíri Zoúrvas
Dokós
Moní Zoúrvas
Ídra
Episkopí
Ídra
Káristos, Límnos, Lésvos, Ándros, Tínos, Míkonos, Síros, Kéa
Kéa
Lésvos, Hío
Kíthnos, Síros
Sérifos
Páros, Pátmos
Astipálea
Kíthnos
Diakófti
Kríti
Thíra
20 km
12.43 mi

L'indice contiene una selezione delle vie e delle piazze riportate sull'atlante stradale

LEGENDA DELLE CARTINE

Autostrada

Superstrada

Strada a scorrimento veloce

Strada principale

Altre strade

Strada a senso unico

Zona pedonale

Parcheggio – Informazioni

Ferrovia principale con stazione

Metropolitana

Tram

Chiesa – Chiesa di interesse

Stazione di polizia – Ufficio postale

Ospedale

Ostello della gioventù – Campeggio

Monumento – Porto

Linea traghetti

Area edificata

Edificio pubblico

Zona industriale

Parco, bosco – Cimitero

Zona a traffico limitato

Il tour ideale

Passeggiate in città

Le scelte MARCO POLO

GUIDE

ITALIA
Calabria
Dolomiti
Firenze
Ischia
Liguria
Milano
Napoli e il Golfo
Puglia
Roma
Sardegna
Sicilia
Toscana
Venezia

EUROPA
Algarve
Amsterdam
Andalusia
Atene
Austria
Azzorre
Barcellona
Berlino
Budapest
Bretagna
Copenaghen
Corfù
Corsica
Cracovia
Creta
Croazia
Dublino
Edimburgo
Emilia Romagna
Francoforte
Gran Canaria
Ibiza, Formentera
Il Cammino di Santiago
Irlanda
Islanda
Istanbul
Kos
Lanzarote
Lisbona
Londra
Madrid
Maiorca
Malta, Gozo
Minorca
Monaco di Baviera
Montenegro
Parigi
Portogallo
Praga
Provenza
Rodi
Santorini
Scozia
Stoccolma
Tallinn
Tenerife
Valencia e Costa Blanca
Vienna

MONDO
Azzorre
Bali
California
Cuba
Dubai
Iran
Marocco
New York
Oman
Phuket
Portogallo
Tokyo

CARTE STRADALI

ITALIA
Abruzzo
Alpi
Calabria
Campania, Basilicata
Emilia Romagna
Friuli Venezia Giulia
Italia
Lazio
Liguria
Lombardia, Laghi del Nord Italia
Marche
Molise
Piemonte
Puglia
Sardegna
Sicilia
Toscana
Trentino Alto Adige
Umbria
Valle d'Aosta
Veneto, Friuli, Lago di Garda

EUROPA
Andalusia
Austria
Belgio
Bielorussia
Bosnia-Erzegovina
Bretagna, Bassa Normandia
Bulgaria
Canarie, isole
Corfù
Corsica
Costa Azzurra
Creta
Croazia costiera, Slovenia
Danimarca
Estonia
Finlandia
Francia
Galles
Germania
Gran Bretagna
Grecia, Cicladi, Sporadi
Ibiza, Formentera, Maiorca, Minorca
Inghilterra
Irlanda
Islanda
Lettonia
Lituania
Lussemburgo
Macedonia
Montenegro
Norvegia
Paesi Baltici
Paesi Bassi
Polonia
Portogallo
Provenza
Repubblica Ceca
Romania, Repubblica di Moldavia, Russia
Scozia, Inghilterra del Nord
Slovacchia
Slovenia
Spagna
Svezia
Svizzera
Turchia
Ucraina
Ungheria

MONDO
Australia
Bangladesh
Bhutan
Botswana
Brasile
California
Cambogia
Canada
Cina, Corea, Bhutan
Cuba
El Salvador
Filippine
Florida
India
Indonesia
Laos
Malaysia
Marocco
Messico, Guatemala, Belize
Namibia
Nepal
Nuova Zelanda
Sri Lanka
Stati Uniti occidentali, Costa del Pacifico
Stati Uniti orientali, Grandi Laghi, Appalach
Sud America
Sudafrica, Namibia, Botswana
Thailandia
Tunisia
Vietnam

PIANTE CITTÀ

ITALIA
Firenze
Milano
Roma
Venezia

EUROPA
Amsterdam
Atene
Barcellona
Berlino
Bruxelles
Budapest
Copenaghen
Istanbul
Lisbona
Londra
Madrid
Mosca
Parigi
Praga
San Pietroburgo
Siviglia
Stoccolma
Vienna

MONDO
Los Angeles
Miami
Montreal
New York
Pechino
San Francisco
Sidney
Tokyo

Tutte le novità su **guidemarcopolo.it**

INDICE DEI NOMI

Sono riportati qui tutti i luoghi di interesse e le attrazioni citati nella guida oltre ai nomi di alcune importanti vie, piazze, personaggi illustri e parole chiave. I numeri di pagina dei riferimenti principali sono in neretto.

www.**guidemarcopolo**.it

SCRIVETECI

Facciamo sempre del nostro meglio per darvi informazioni aggiornate per il vostro viaggio. Tuttavia, nonostante le meticolose ricerche dei nostri autori, qualche errore a volte può sfuggire.

Inviate i vostri messaggi a:
MARCO POLO Redazione
EDT srl, 17 via Pianezza
10149 Torino
redazione@guidemarcopolo.it

Atene, 1ª edizione, marzo 2019
ISBN: 978-88-5925-444-7

Coordinamento: Linda Cottino; traduzione dal tedesco: Taddeo Roccasalda
Redazione e aggiornamenti per l'edizione italiana: Federica Tommaddi
Impaginazione: Gianmarco Bisognani; produzione: Alberto Capano
Stampato da: Graf Art s.r.l., viale delle Industrie 30, 10078 Venaria (To)

Tradotto dall'edizione originale tedesca aggiornata:
Athen, 15ª edizione 2019

Caporedattrice: Marion Zorn; autore: Klaus Bötig; redazione editoriale: Arnd M. Schuppius; redazione: Lucas Forst-Gill, Susanne Heimburger, Tamara Hub, Johanna Jiranek, Nikolai Michaelis, Kristin Wittemann, Tim Wohlbold; photoeditor: Gabriel Forst, Stefanie Wiese
Cartografia atlante e carta estraibile: © MAIRDUMONT, Ostfildern; grafica di copertina, p1, copertina della carta estraibile: Karl Anders – Studio für Brand Profiling, Amburgo; tendenze: Klaus Bötig; wunder media, Monaco; grafica interna: milchhof:atelier, Berlino; grafica Passeggiate in città, pp2-3: Susan Chaaban Dipl.-Des. (FH); frasario: in collaborazione con Ernst Klett Sprachen GmbH, Stoccarda, redazione dizionari PONS

In copertina: l'Acropoli (Laif/hemis: F. Guiziou)
Foto: K. Bötig (1 in basso, 111); Comicdom Con Athens: M. Antoniou (19 in basso); DuMont Bildarchiv: Schröder (41); Getty Images: P. Adams (70), L. L. Grandadam (88-89), J. Sweeney (124-125); Getty Images/lechatnoir (3); Getty Images/Lonely Planet Images (53); R. Hackenberg (59); huber-images: Dutton (68 dx), Eisele-Hein (9), K. Kreder (26-27), Schmid (14-15), R. Schmid (33), G. Simeone (60-61); Laif: N. Godwin (11, 74), Heuer (risvolto sx), Hub (10), Huber (4 in basso, 42-43), Kirchner (22); Laif/hemis: F. Guiziou (1 in alto), L. Maisant (48, 67); Laif/IML (18 al centro); Laif/Madame Figaro: P. Tootal (risvolto dx); Laif/robertharding: R. Cummins (77), R. Rainford (104); Laif/SZ Photo: J. Giribas (36, 90); Look: Holger Leue (18 in alto, 46), Pompe (7, 112 in alto); Look/age fotostock (2, 35, 113); mauritius images/Af8images/Alamy (6); mauritius images: W. Bibikow (50, 96-97); mauritius images/ Realy Easy Star/Alamy: S. Pipia (20-21); mauritius images/Alamy (24-25, 72-73, 84, 108, 109, 110, 110-111), G. Atsametakis (87), M. Gonda (17, 69, 101), P. Goskov (5, 68 sx), T. Harris (8, 64), C. Iliopoulos (39), E. Shashkina (62-63); mauritius images/BasilT/Alamy (82); mauritius images/Dorling Kindersley ltd/ Alamy (93); mauritius images/Masterfile: R. I. Lloyd (18 in basso); mauritius images/National Geographic Creative/Alamy (78); mauritius images/Westend61: G. Fochesato (19 in alto); Schapowalow/ 4Corners: M. Manser (56); Schapowalow/SIME: S. Raccanello (12-13, 94); T. Stankiewicz (4 in alto, 30, 45, 80-81, 108-109, 112 in basso); E. Wrba (55)

DA EVITARE

Alcuni suggerimenti per non avere brutte sorprese

RIFIUTARE L'ACQUA

In quasi tutti i locali di Atene, prima di prendere le ordinazioni, i camerieri offrono ai clienti una caraffa d'acqua come segno di ospitalità. Si tratta di un'antica tradizione greca. Vi consigliamo dunque di non rifiutarla, per evitare che questa usanza vada perduta, com'è già accaduto in altri centri turistici del paese.

"ATHENS BY NIGHT"

Nel quartiere della Pláka, alberghi e agenzie viaggi propongono serate all'insegna del folclore greco, spesso però non autentico. Per ammirare le vere danze popolari greche, vi consigliamo di recarvi al teatro Dóra Strátou.

FARSI DERUBARE

In Grecia in genere c'è poca criminalità, ma conviene sempre fare attenzione per non farsi derubare dai borseggiatori, che spesso si aggirano all'interno della metropolitana tra piazza Omónia e il Thisío, nei mercatini delle pulci e, più in generale, nei posti affollati.

PRENOTARE UN'AUTO A NOLEGGIO IN ALBERGO

Chi decide di affittare un'auto in albergo, o tramite l'agenzia viaggi, spesso è costretto a pagare un sovrapprezzo per la mediazione. I prezzi più bassi li offrono le numerose agenzie di autonoleggio concentrate nel tratto iniziale di *Leofóros Singroú (al civico 1-50)* (123 E6) *(🕮 J5)*. Anche se spesso i migliori affari si fanno effettuando le prenotazioni online.

INDOSSARE ABITI SUCCINTI IN CHIESA

Entrare in chiesa con le spalle scoperte, in pantaloncini o in minigonna è un comportamento malvisto in Grecia. I greci apprezzano in particolar modo quei turisti che accendono candele votive ai santi.

RECARSI IN PLATÍA VATHÍS

Questa piazza, situata a nord ovest di piazza Omónia e conosciuta anche come Anexarthisías, è diventata la sede dello spaccio di droga. Si consiglia di evitarla nelle ore notturne.

FERMARE UN TAXI PER STRADA

Nelle ore di punta fermare un taxi per strada si rivela un'impresa pressoché impossibile. Vi consigliamo piuttosto di rivolgervi alla reception del vostro albergo, che provvederà a contattare il servizio di radiotaxi a fronte di un piccolo sovrapprezzo.

FARSI ATTIRARE NEI BAR

A piazza Syntagma capita sempre più spesso di essere avvicinati da persone apparentemente gentili che fingono di voler semplicemente scambiare due chiacchiere. Gli adescatori finiscono sistematicamente per invitare al bar il malcapitato di turno, che alla fine si ritrova a pagare l'intero conto da solo.